Sagitario

La guía definitiva de un signo zodiacal sorprendente en la astrología

Tabla de contenido

Introducción

Los misterios del zodiaco nos rodean, pero en lo más profundo de nuestra personalidad, nuestros signos solares nos conectan con el universo. Si es Sagitario o conoce a uno, puede sumergirse en las profundidades del apasionado signo de fuego con esta guía. Nuestra guía completa explora lo que significa ser un Sagitario, cómo le afectan los movimientos planetarios y qué desafíos encontrará a lo largo de la vida. Tendrá la oportunidad de entender más sobre Ofiuco, el signo evasivo que reside en su casa y explorar el contexto de haber nacido en la Novena Casa del zodiaco y estar regido por Júpiter.

Como Sagitario, es posible que haya notado fortalezas y debilidades clave. Aprenda más sobre lo que significan para usted en la vida diaria, y cómo puede abordarlos de frente. A los sagitarianos les encanta explorar, vagar, aprender y decir lo que piensan. Puede vivir su mejor vida y alimentar estos aspectos de su personalidad central. Los sagitarianos tienen la oportunidad de gobernar el mundo y llevar a un grupo fuerte de amigos diversos hacia adelante a través de la vida como guía y mentor. Como líder natural con una profunda pasión por la libertad, encontrará que la gente se acerca a los Sagitario por diversas razones. Con un mayor conocimiento de sí mismo o del nativo de Sagitario en su vida, adaptará su enfoque a los diversos obstáculos de la vida y utilizará sus puntos fuertes para seguir avanzando hacia el futuro con la clásica mentalidad positiva sagitariana.

Capítulo 1: Sagitario en el zodiaco

Hace más de 4.000 años, una combinación de creencias generales se unió. Los romanos, los egipcios y los antiguos babilonios habían trazado de forma independiente los cielos con los mismos hallazgos. Cuando Roma y el antiguo Egipto se unieron, combinaron sus hallazgos para trazar las estrellas con una base matemática y científica. Este fue el nacimiento de la astronomía. Estas civilizaciones unieron sus mitologías y su comprensión de los cielos para dar lugar al zodiaco que conocemos hoy. A lo largo de muchos miles de años de investigación y seguimiento de los movimientos planetarios, y de los rasgos y cambios de personalidad, la astrología acabó separándose de la astronomía.

Las tres civilizaciones identificaron las 12 casas y las 12 constelaciones que regirían el zodiaco en los miles de años siguientes. Este es el mismo zodiaco que conocemos y utilizamos hoy en día. La astrología desempeña un papel importante en nuestras vidas, independientemente de que la gente crea o no en ella. Todos estamos juntos en el universo, y aquellos que entienden y reconocen la amplia red de conexión pueden comprender sus puntos fuertes, superar las debilidades y planificar su vida diaria para obtener los mejores resultados posibles.

La astrología ha sufrido altibajos a lo largo de los siglos, pero siempre ha estado presente en nuestras sociedades. Incluso cuando la creencia estaba en su punto más bajo, el zodiaco y la época del año en que nacemos influyen en nuestra personalidad y en nuestra vida cotidiana.

En este libro, podrá explorar el signo zodiacal de Sagitario y lo que significa vivir como sagitariano. Este libro no es exclusivo para los nacidos en este signo. Puede ayudar a cualquiera a entender mejor a un amigo, hermano, hijo, padre, pareja romántica o incluso compañero de trabajo sagitariano.

Aquí tendrá acceso no solo a una mirada en profundidad sobre Sagitario, sino al impacto de los movimientos de los planetas, y los signos lunares, los signos ascendentes, así como las dos formas de cúspides sagitarianas.

Orígenes mitológicos de Sagitario

Los orígenes míticos de Sagitario varían desde la creencia babilónica, la romana, la griega y la mitología sumeria. Es fácil ver una conexión entre cada historia y cómo puede haberse adaptado a lo largo de los años. También hay claras similitudes que juegan en las creencias detrás de la personalidad de Sagitario, aunque cada civilización tenía un ángulo diferente cuando se revisó la personalidad.

Entre la mitología babilónica, Sagitario fue reconocido como el dios *centauro* Nergal. Sagitario entre los babilonios tenía un cuerpo similar al de un caballo, un torso similar al de un humano, alas, el escorpión de un Aguijón situado sobre la cola del caballo, y dos cabezas, una humana y otra de pantera. Nergal se muestra a menudo representando la guerra y la tierra quemada.

Los romanos tenían un enfoque diferente de Sagitario. Utilizaron la raíz de la palabra Sagitta, que significa flecha. Al principio, muchos observadores identificaron una tetera entre la constelación, pero finalmente, el arco y la flecha del arquero se impusieron, y la constelación fue declarada Sagitario.

Eratóstenes, uno de los astrónomos más conocidos de la historia, insistió en que la constelación era un sátiro y no un centauro. Este era otro término para Sagitario porque fue a través de la narración que se formó el motivo del centro que conocemos ahora. La leyenda de Sagitario entre la mitología romana es que Crotus era el hijo de Pan, y que vivía en la cima del monte Helicón e inventó el tiro con arco. Finalmente, Sagitario fue colocado entre las estrellas cuando las musas se lo pidieron a Zeus.

La conexión entre las musas y Sagitario aparece de nuevo en la mitología griega. Sagitario se sigue mostrando como un centauro o como una criatura mitad humana y mitad caballo. Pero en la mitología griega, el centauro era un enfermero de las musas, y hacía de vigilante cuidadoso para custodiarlas. Se identifica a Sagitario apuntando su flecha hacia el corazón de Escorpio. Esta historia es como las creencias entre la mitología sumeria.

Aspectos básicos de ser un Sagitario

¿Qué hace a un Sagitario? Los sagitarianos nacen entre el 22 de noviembre y el 21 de diciembre. Son el noveno signo dentro del círculo zodiacal, y están simbolizados a través del Arquero, que apunta con su arco a los reinos superiores de la vida.

Para ofrecer una visión clara, aquí están los elementos más presentes y contundentes dentro de Sagitario:

- Signo de fuego
- Modalidad mutable
- Dualidad asertiva
- Novena casa del zodiaco
- Regido por Júpiter

- Los colores del poder son el azul y el púrpura
- Representa los riesgos potenciales para la salud en el hígado, las caderas y los muslos
- Se representa como el clavel
- Las piedras incluyen la turquesa, el circón azul, el topacio y el citrino

En general, los sagitarianos son las personalidades más curiosas y enérgicas del zodiaco. También son conocidos por su amor a los viajes, su mentalidad abierta y sus fuertes opiniones filosóficas. Son las personas que se hacen las grandes preguntas. Quieren conocer el sentido de la vida y explorar su propósito.

Por supuesto, ésa es la imagen general de un Sagitario. A nivel personal, suelen ser extrovertidos, entusiastas, fáciles de emocionar, optimistas y disfrutan del cambio. Su modalidad mutable, unida a su elemento fuego, los hace extremadamente apasionados por lo que les espera.

La modalidad mutable es lo que les hace estar tan entusiasmados con el cambio. Al mismo tiempo, el elemento fuego les da ese impulso para buscarlo más que los otros elementos con la misma modalidad. Sagitario no es una guerra entre ninguno de sus factores presentes, como su modalidad, elemento, planeta o casa. Todos estos factores se conjugan muy bien para Sagitario, por lo que es probable que se sientan en paz dentro de sí mismos la mayor parte del tiempo, pero es posible que tengan un par de años difíciles en la adolescencia mientras aún están descubriendo esto.

Como nota final para la visión general de Sagitario, valoran la libertad por encima de todas las cosas. Ese amor por la libertad se muestra mejor a través del famoso sagitariano John Jay. Jay se encuentra entre los doce padres fundadores más conocidos de los Estados Unidos y fue el primer presidente del Tribunal Supremo de los Estados Unidos. Ayudó a liderar los cambios que formaron a Estados Unidos tras la guerra de la Independencia y, en 1799, demostró que era un defensor del cambio generalizado al liberar a todos los esclavos de Nueva York. John Jay es un ejemplo, pero la historia tiene innumerables figuras que destacan por dar el máximo valor a la libertad, la honestidad y el cambio.

Nacido con Júpiter

Uno de los aspectos más definitorios de los sagitarianos es que han nacido bajo Júpiter y lo estrechamente que eso conecta con su elemento fuego. El planeta Júpiter es el mayor de los cuerpos celestes, excluyendo el sol. Muchos en astrología idealizan a Júpiter por su naturaleza benévola y benéfica. Este planeta aporta mucha esperanza a los sagitarianos.

Júpiter representa el crecimiento, la expansión, la curación, los milagros, la buena fortuna y la educación superior. Para los sagitarianos, este planeta marca el núcleo de su personalidad, y a menudo significa que ven el mundo a través de esas clásicas gafas de color rosa. Júpiter es la razón por la que muchos sagitarianos experimentan niveles tan altos de entusiasmo y optimismo.

El mutable de los signos de fuego

Los signos mutables llegan en la época del año en que el cambio es inminente. Por supuesto, el fuego es el elemento de la pasión, y después del otoño, hay una pasión por el cambio para entrar en la estación de la calma, la muerte y el renacimiento. Los sagitarianos no tienen miedo de enfrentarse a las dificultades o a los tiempos difíciles. Seguirán adelante y mantendrán el rumbo, sabiendo que el cambio es lo único que acabará con las dificultades que tienen delante.

Este profundo deseo y la aceptación de que el cambio llega de muchas maneras contribuyen al optimismo sagitariano. Los sagitarianos esperan con ansia el invierno y lo ven como una estación con propósitos. No ven el invierno como la estación de las penurias, sino que lo ven como el puente para llegar a la primavera, el nacimiento y la revitalización.

Sagitario: el último signo de fuego

Cada elemento presenta un trío de signos zodiacales, y el lugar que ocupan los signos dentro de ese trío indica cómo impacta ese elemento en ese signo. Sagitario es el último de los signos de fuego. Le preceden Aries y Leo. Para contextualizar, las áreas como primer signo de fuego son como la ignición de un fuego o ese lento crepitar que se produce con el encendido. Leo suele representar el fuego en su forma más pura.

Sagitario es el último signo de fuego que presenta algo edificante, es la combustión lenta, y es a través de esto que los sagitarianos a menudo pueden llevar a cabo hazañas monumentales. Se entrenan para tener largos tramos de energía en lugar de las ráfagas cortas de energía o los niveles de energía moderados y el descanso que vienen con Leo. De los tres signos de fuego, son conocidos por su generosidad, y superan tanto a Leo como a Aries cuando se trata de ser generosos y trabajar con buenas intenciones.

Como signo de fuego, suelen ser más compasivos y tienen una comprensión más profunda de la condición humana. A menudo se ven obligados a dar más de lo que pueden y se debaten entre el deseo de ser más generosos y su capacidad para hacerlo.

El nivel de generosidad de Sagitario suele sorprender a otros signos. Los sagitarianos suelen dar mucho más de lo que la gente ve, y a diferencia de Aries y Leo, no se apresuran a saltar por el reconocimiento de su generosidad. Incluso pueden parecer vacilantes a la hora de comprometerse o llevar a cabo planes, y eso se debe a que se han saturado de obligaciones queriendo ofrecer su tiempo y energía. También está muy extendida la idea de que Sagitario es nuestro huidizo o poco comprometido. Su fugacidad es su deseo de cambio, y su actitud no comprometida a menudo expone sus sentimientos u opiniones subyacentes sobre esta persona. Si un Sagitario puede aportar su tiempo, energía o dinero, entonces su fugacidad y su nivel de compromiso pueden cambiar drásticamente.

Hombres y mujeres sagitarianos

Los signos de fuego presentan mayores diferencias entre hombres y mujeres que los demás elementos. Con los signos de tierra, se puede garantizar que ambos sexos tienen bastante fundamento. Los signos de fuego arden de diferentes maneras.

En primer lugar, los hombres de Sagitario son clásicamente idealistas y oportunistas. Exudan esta inocencia y pueden resultar molestos o infantiles. A menudo trabajan en la fe ciega y confiar en casi cualquier persona, que puede causar un montón de resultados desafortunados, especialmente cuando se trata de romance y de negocios. Los hombres Sagitario están menos en sintonía con el elemento lógico de Júpiter, pero están más alineados con la chispa de curiosidad de Júpiter.

Los hombres de Sagitario también reciben el regalo de la suerte de Júpiter. Es posible que pasen por largas rachas de mala suerte, y eso suele ser una lección que necesitan. Esta lección les permite aprender que no pueden confiar en que las cosas buenas les lleguen. Y no toleran la deshonestidad ni el comportamiento incoherente. Esto se nota especialmente cuando son niños. Necesitan padres que sean coherentes con las expectativas y la disciplina.

La otra cara de los hombres Sagitario es su sentido del humor y su capacidad para hacer amigos. Son rápidos para hacer amigos, los quieran o no. Tienen una personalidad magnética que atrae a la gente, pero todos los Sagitario también son propensos al síndrome de la imprudencia. A menudo dicen las cosas con demasiada franqueza o son demasiado comunicativos con sus opiniones cuando no tienen conocimientos sobre el tema. Los hombres de Sagitario suelen estar dotados del don del humor y pueden emitir estas opiniones o percepciones demasiado contundentes a través del modo de la comedia. Este don les permite conservar muchos más amigos que las mujeres de Sagitario.

En el lado negativo, los hombres bajo este signo también son propensos a la irreflexión y al pensamiento disperso. Puede que tengan grandes sueños y quieran ayudar a cultivar un cambio duradero, pero a menos que tengan a alguien que les guíe en esos cambios o les ayude a conseguir ese objetivo, puede que les lleve mucho más tiempo del que deberían. Estos hombres necesitan una luz que los guíe y que les recuerde constantemente por qué están trabajando en un proyecto concreto.

Las mujeres Sagitario, en cambio, aplican la lógica de forma implacable y son más propensas a aceptar la estructura general de una organización que los hombres Sagitario. Son las mujeres que saben lo que hay que hacer para alcanzar los grandes objetivos y lograr un gran cambio. La lucha a la que se enfrentan se reduce a la comunicación.

Como se ha mencionado anteriormente, los sagitarianos a menudo luchan por ser demasiado francos y directos. Este reto es aún más difícil para estas mujeres. Una mujer Sagitario es la que hará preguntas embarazosas en entornos de grupo, hablará de forma inapropiada a menudo y será completamente honesta, pero muchas hacen de esto una fortaleza más que un desafío. Utilizan su honestidad y franqueza para pillar a los demás con la guardia baja. Una celebridad sagitariana en particular se ha hecho una reputación de esto, Chrissy Teigen es bien conocida por expresar su opinión sin pedir disculpas en todos los asuntos del foro público. El truco aquí para estas damas es decidir si esto es un desafío que debe superar o una fuerza que encarnará en la vida cotidiana.

Las mujeres de este signo son extraordinariamente independientes. No es necesariamente que vivan solas o sean abyectas a la vida familiar, sino que se ven a sí mismas como individuos que contribuyen a diversos grupos, más que como una persona sometida a etiquetas y roles.

Comprendiendo las cúspides sagitarianas

Cada persona en una cúspide tiene un giro un poco diferente cuando se trata de sus signos zodiacales y lo que se puede esperar de su personalidad principal. Las cúspides de Sagitario luchan porque una es una combinación de agua y fuego, y la otra es una combinación de aire y fuego.

La cúspide de Escorpio a Sagitario combina agua y fuego. Aunque estos dos normalmente se contradicen, su nivel de intensidad es lo que hace que la cúspide Escorpio-Sagitario tenga un gran éxito. Tradicionalmente, Escorpio estaba regido por Marte y era conocido por la acción, aunque el zodiaco moderno muestra a Escorpio representado a través de Plutón con una profunda conexión psíquica y vínculos con la muerte. Cuando se toma esto y se une a Sagitario, se tiene a alguien muy abierto y receptivo al cambio, pero también propenso a tomar las medidas necesarias para lograr sus objetivos.

Los nacidos en la cúspide de Escorpio a Sagitario son más propensos a ver el éxito generalizado, pero pueden tener dificultades para conservar los amigos. Harán amigos rápidamente, como todos los demás Sagitario, pero probablemente los perderán un poco más rápido debido a su forma de contar las cosas y a esa dosis extra de ira que reciben de su lado Escorpio.

En cuanto a las desventajas, la cúspide Escorpio-Sagitario a menudo trae consigo una actitud de sabelotodo, y estas personas pueden volverse rápidamente demasiado santurronas. Pueden soltar bombas de verdad cuando no son apropiadas y se sumergen obsesivamente en la investigación para asegurarse de que tienen razón sobre algo mucho después de que la conversación o la discusión haya terminado.

En el otro lado del signo está la cúspide Sagitario-Capricornio, que va del 18 al 24 de diciembre. Estos visionarios tienen una gran comprensión de las profecías y de cómo impulsar el cambio y controlar la dirección de este para cumplir esa profecía. Los

Capricornio son conocidos por su intensa determinación y su naturaleza obstinada o testaruda. Intrínsecamente, esto parece contradecir el deseo de cambio de los sagitarianos y su enfoque de la vida según la corriente. Es posible que una cúspide Sagitario-Capricornio pueda obtener lo mejor de ambos mundos. Podrían comprender los límites y las lecciones que provienen de los regentes planetarios de Capricornio, Saturno, y apoyar esa curiosidad y necesidad de cambio asociadas a Júpiter y su modalidad. El problema es que es *igual de probable* que reciban lo peor de ambos mundos. Entonces podrían ser tercos y demasiado directos con sus opiniones. Pueden estar intensamente decididos a demostrar que los demás están equivocados y alejar a muchos amigos.

Los nacidos en la cúspide de Sagitario-Capricornio suelen ser llevaderos, leales y razonables. Se disculpan con frecuencia, pero también responden a las preguntas y dan consejos.

Ser Sagitario

Los elementos que intervienen en el hecho de ser Sagitario conforman partes específicas de su personalidad central. En conjunto, los sagitarianos son personas amistosas, curiosas, aventureras y divertidas.

A medida que vaya leyendo este libro, verá cómo los diferentes elementos de ser Sagitario juegan en diferentes aspectos de su vida, como la infancia, el romance, las trayectorias profesionales y más. Pero su elemento, modalidad y el signo en sí no determinan su personalidad de forma independiente. Sagitario es su signo solar y la esencia de sí mismo. Pero otros movimientos planetarios y presencias planetarias dentro de su natal pueden afectarle también. La forma en que el universo impacta en su camino siempre pasa para ver y experimentar la vida a través de la lente de un Sagitario.

Capítulo 2: ¿Quiénes son los sagitarianos?

Los sagitarianos no ocultan quiénes son, y no piden disculpas en casi todos los aspectos de su vida. Los nacidos en Sagitario tienen un propósito en la vida, y saben que ese impulso por explorar y desafiar los límites define quiénes son en todas las etapas de la vida. No se adhieren a las convenciones estándar y buscan activamente información que pueda contradecir algunas de las creencias fundamentales de la sociedad. Son las personas que hacen preguntas; quieren saber por qué y por qué no. Los sagitarianos son los buscadores de la verdad del Zodíaco.

Su necesidad de conocimiento, curiosidad y exploración se debe a su planeta regente, Júpiter. El flujo de energía de Júpiter se enfoca en la mente superior, la expansión y la buena fortuna. Tendrá la oportunidad de aprender un poco más sobre Júpiter, pero es clave mencionarlo inicialmente por el importante papel que desempeña en la vida de ellos.

También es necesario mencionar la modalidad de Sagitario. Como signo mutable, a menudo se dejan llevar por la corriente y tienen un carácter jovial y de buen humor. Estos son solo algunos de los muchos puntos fuertes o beneficios que conlleva ser Sagitario. En este capítulo, tendrá una introducción a esas fortalezas, un puñado de los desafíos que enfrentan, y la visión general o el panorama general de quiénes son los sagitarianos en la vida.

¿Qué significa ser Sagitario?

A primera vista, parece que ser Sagitario solo significa que ha nacido entre el 22 de noviembre y el 21 de diciembre, pero quienes estén familiarizados con el signo sabrán que los sagitarianos son ferozmente independientes, de buen humor, encantadores y, en ocasiones, molestos y optimistas. Los nacidos en Sagitario también tienden a ser emotivos y a enfadarse rápidamente. En sus peores momentos, pueden parecer desconsiderados o reaccionar de forma exagerada ante acontecimientos demasiado pequeños.

Muchos de los rasgos más notables de los nativos de Sagitario son su capacidad para ser francos, filosóficos y extraordinariamente independientes. Los nacidos en este signo son más que francos. A menudo dirigirán las conversaciones en la dirección que deseen para exponer sus ideas y opiniones. Y las personas de Sagitario se encuentran a menudo en debates amistosos. La palabra clave es amistoso. Debido a su mentalidad abierta, los sagitarianos aceptan ampliamente las opiniones y puntos de vista diferentes. Parte del elemento subyacente a esta brusquedad y a esta franqueza es el impulso de los sagitarianos por la verdad y el aprendizaje. Adoptan un enfoque de "la verdad duele" en temas filosóficos, políticos y sociales. Los nacidos en Sagitario no consideran hermanos a nadie que no pueda soportar la verdad. Creen que todo el mundo necesita oírla y harán todo lo posible por difundirla.

Lo que suele causar un conflicto para los sagitarianos es su necesidad de desmenuzar los puntos de vista abstractos y las ideas filosóficas. Les gusta el concepto de que los aspectos de la vida no tienen respuestas claras, pero odian no encontrar la respuesta única. Esta contradicción les ayuda a seguir creciendo y a menudo es la razón por la que los sagitarianos son aprendices de por vida.

Todos los elementos de Sagitario que hemos abordado anteriormente provienen de dos factores clave de este signo. Su planeta regente, Júpiter, y su elemento fuego, pero es su modalidad la que presenta el elemento final de la personalidad global de Sagitario. Cuando la gente mira a Sagitario en un nivel superficial, a menudo ve una independencia extrema o una franca inquietud. Los sagitarianos necesitan la libertad personal como todos necesitamos el aire, y esto se debe a su cualidad mutable.

La modalidad mutable es la que impulsa la necesidad de cambio, y eso ocurre cuando cambian las estaciones. Sagitario marca el final del otoño y el comienzo del invierno. Los nacidos bajo Sagitario miran hacia el futuro, y cuando están atados, piensan que el futuro so lo les deparará lo mismo que han estado experimentando. Los sagitarianos no son necesariamente reacios a las relaciones duraderas, y cultivan bien las amistades a largo plazo. El problema es que cuando las cosas dejan de cambiar y de ser nuevas, el sagitariano se retira. Para los nacidos en Sagitario, lo ven como una situación de "ya he pasado por eso".

Por ejemplo, si un Sagitario ha tenido un amigo durante mucho tiempo, y ha visto a ese amigo entrar y salir con frecuencia de la misma mala relación, podría terminar su amistad. En este ejemplo, el Sagitario no tendrá mucha paciencia para escuchar los mismos problemas una y otra vez. No aceptarán mucho a sus amigos, siendo incapaces de avanzar. Debido a esta escasa tolerancia a la repetición y a su afán por vivir sin limitaciones, parece que los hombres y mujeres Sagitario tienen problemas para cultivar las relaciones.

Estos elementos de la personalidad de Sagitario están relacionados con el elemento, la modalidad, el planeta regente y la asociación con los movimientos planetarios de Sagitario. Aunque la astrología no es ampliamente aceptada como una ciencia, hay más astronomía que juega un papel en la comprensión de su signo solar y su impacto en su vida cotidiana. Es fácil decir que los nativos de Sagitario suelen ser confiables y de mente abierta. Estas observaciones son superficiales. A lo largo de este libro, y a partir de este capítulo, tendrá la oportunidad de ver el análisis en profundidad necesario para comprender los movimientos planetarios, los signos solares, los signos lunares y cómo le afecta el universo.

Comprenda sus diferentes signos

Para comenzar el asunto, ser Sagitario es su personalidad principal o su signo solar, pero tiene otros signos a considerar, y ellos pueden dirigir qué tipo de Sagitario es usted y cómo se presenta al mundo. Existen los signos solares, los más conocidos del Zodíaco, los signos lunares y los signos ascendentes.

Los signos solares son los más conocidos dentro de la astrología occidental, y cuando la gente se refiere al Zodíaco, se refiere específicamente a los signos solares. La mayoría de la gente solo conoce sus signos solares y no ha explorado una carta astral o carta de nacimiento, que revela dónde estaban sus planetas en las distintas casas durante su nacimiento. La mayoría de los horóscopos que encuentra en Internet o que recibe a través de aplicaciones en su teléfono solo se basan en los signos solares y no tienen en cuenta otros factores de su carta astral. Esto se debe a menudo a la comodidad. Es fácil calcular su signo solar porque solo necesita saber su fecha de nacimiento.

Los signos solares desempeñan un papel fundamental en la astrología y en la comprensión del zodiaco por varias razones. En primer lugar, el Sol es el centro de nuestro sistema solar y se considera la raíz de la vida. En segundo lugar, como fuerza planetaria simboliza el núcleo del yo o ego. Por último, el Sol representa el centro, la vida y la iluminación. Si está buscando aprender más sobre sí mismo, entonces debe aprender sobre su signo.

Su signo solar es lo que usted es; Sagitario es la representación de los aspectos centrales de su identidad que son inmutables. Comprender esto puede ayudarle a convertirse en su mejor yo, reconociendo y comprendiendo los desafíos comunes, al tiempo que aprovecha los puntos fuertes de su personalidad. Aquellos que se enfocan en recorrer un camino que se alinea con su energía y su signo individual, a menudo verán mayores éxitos en la vida y una mayor conexión con los cambios y vibraciones planetarias.

Sagitario como signo ascendente o ascendente

Los signos ascendentes suelen llamarse su ascendente, y es la forma en que se presenta al mundo. Su carta comienza con su signo ascendente, la primera casa de su carta. Esto suele desvelar cómo comienza las cosas en la vida y su alineación entre el espíritu y el cuerpo. Imagine que todos los elementos de su vida se extienden por el cielo. Este es el horizonte de ese cielo por donde sale el Sol.

Es lamentable que la gente no preste mucha atención a su signo ascendente o a su ascendente porque puede ayudarles a entender cómo lo ven los demás. Mientras que su signo solar le permite aprender sobre sí mismo, su signo ascendente le permite aprender sobre cómo se presenta ante los demás. Cuando la gente encuentra incoherencias entre su personalidad y su signo solar, el responsable suele ser su signo ascendente.

Por ejemplo, un Sagitario nacido con su signo ascendente en Capricornio puede parecer inicialmente reservado, trabajador y tranquilo. Aunque los Sagitarios son conocidos por su capacidad para trabajar con diligencia, rara vez son reservados o callados. Lo más común es que el Sagitario pueda parecer inicialmente tímido o manso, y una vez que llega a conocer a la persona o se siente cómodo en el ambiente, su Sagitario interior sale a la luz.

El signo ascendente cambia en función del lugar de nacimiento y de la hora de nacimiento. Es un poco más complicado que calcular su signo solar. Los signos ascendentes cambian cada dos horas, pero puede encontrar calculadoras en línea que pueden ayudarle a encontrar su signo ascendente si conoce el lugar y la hora de su nacimiento.

Aprender más sobre su signo ascendente le proporciona un mayor conocimiento de sí mismo. Comprenderá mejor cómo se adapta a un nuevo entorno y cómo ese signo ascendente interactúa con su signo solar. Los signos ascendentes no tienen intrínsecamente los mismos rasgos que los signos solares. Existen diferencias significativas entre ambos signos.

Necesitará calcular o encontrar una calculadora en línea para encontrar su signo ascendente. Para darle un poco de información, he aquí un rápido resumen de los ascendentes de Sagitario.

Los signos ascendentes de Sagitario suelen confiar mucho en la intuición y suelen estar muy seguros de sí mismos en cualquier situación. Son las personas que se adueñan de cada habitación en la que entran, y si no saben lo que está pasando, lo fingen. Las personas con un signo ascendente Sagitario son lo suficientemente inteligentes como para salirse con la suya "fingiendo" en muchas situaciones y son muy optimistas, lo que pone a todos los demás de buen humor.

Sagitario como signo lunar

Su signo lunar es un indicador de su ser interior o de las partes de sí mismo que oculta a los demás, incluso a sus allegados. Se trata de su lado más íntimo y emocional, las áreas de su personalidad que salvaguarda. Los signos lunares también pueden apoyar el tipo de padre que es, cómo procesa las emociones y cómo se siente respecto a sus recuerdos.

La energía lunar tiende a manifestarse de diferentes maneras según el elemento. Por ejemplo, las lunas de agua suelen ser extraordinariamente empáticas y valoran mucho las emociones. Las lunas de tierra se enfocan en crear estabilidad en sus finanzas y en su vida laboral. Las lunas de aire y de fuego suelen buscar formas de cultivar su signo solar y sacar a relucir su personalidad central sin responsabilidad añadida.

Un Sagitario como signo lunar magnificaría drásticamente el impulso de libertad del sagitariano. Es posible que sientan una aversión extrema a conectarse con los lazos de una relación o a establecerse. Los nacidos con Sagitario como signo lunar son tipos gitanos con una necesidad de vagar y deambular. Se involucran en las emociones en los dos extremos de la paleta. Los sagitarianos lunares desean estar solos y ser independientes para evaluar sus emociones. En el otro extremo del espectro, los Sagitarios lunares buscan nuevas experiencias e interacciones con gente nueva. Obtienen beneficios emocionales al observar cómo otras personas procesan sus sentimientos sin tener una relación con esa persona.

Los que tienen la luna en Sagitario también son solucionadores de problemas. Dado que observan su interior de forma tan crítica y se separan de las relaciones, tienen una oportunidad única de analizar sus sentimientos de forma objetiva.

Comprender sus signos y cómo funcionan juntos

Es muy poco probable que tenga a Sagitario como sus tres signos principales. Antes de continuar con los capítulos restantes, podría evaluar rápidamente su carta astral en línea. A través de un creador de cartas natales en línea, puede ver su ascendente y su signo lunar. Ambos pueden ayudarle a explorar diferentes áreas de cómo entiende y expresa su personalidad principal.

Conozca un poco estos otros dos signos. Puede ser muy útil comprender los elementos de estos signos y su casa regente. Por ejemplo, cualquier persona con un signo lunar de Cáncer puede tener una mayor receptividad para comprender las emociones y procesar las emociones de los que le rodean. Este superpoder astrológico se debe a que la luna es el planeta regente de Cáncer, lo que la hace excepcionalmente fuerte. Igualmente, un ascendente Leo irradia energía magnética y atrae a la gente hacia él. Son conscientes de sí mismos y presentan su signo solar con orgullo porque Leo está regido por el Sol.

Luego está la importancia de que sus signos trabajen juntos, o a menudo, en contra de ellos. Un signo de fuego como Sagitario o Leo con un Ascendente de signo de agua puede parecer tímido, reservado y relajado. Un signo de fuego con un Ascendente de tierra puede parecer demasiado centrado y testarudo.

Si comprende cómo funcionan sus distintos signos en conjunto, podrá navegar a través de su ser núcleo con mayor confianza. Si sabe cómo se presenta ante los demás y cómo procesa o retiene las emociones, puede identificar cómo encajan en su personalidad individual. También puede utilizar estos factores dentro de su personalidad total para construir una vida que enfatice los valores positivos de su yo individual y le ayude a superar los retos comunes a lo largo de la vida.

Capítulo 3: Impacto de los movimientos planetarios en un Sagitario

El movimiento planetario o los tránsitos impactan en todas nuestras vidas y de forma ligeramente diferente. La forma en que se mueven los planetas es consistente para todos. Eso está fuera de nuestro alcance, pero la forma en que esos movimientos nos impactan depende en gran medida de nuestro signo solar y de cómo aparecen nuestras casas en la carta astral. En el último capítulo, hablamos de la carta astral o carta natal, y es importante para entender la astrología. Hay algunos aspectos que se pueden extraer de los cambios planetarios basados únicamente en su signo solar. En este capítulo, veremos cómo estos movimientos afectan a los nacidos bajo el signo de Sagitario.

Recuerde que los cuerpos planetarios, que incluyen a Plutón, el sol y la luna, están en continuo movimiento. También está el elemento tierra, lo que significa que comprender cómo interactúan y se mueven estos planetas es un asunto un poco complejo. A medida que nos alejamos del sol, vemos órbitas más grandes y menos oportunidades para que estos planetas entren en su signo específico.

¿Qué elementos del universo afectan a Sagitario?

Prácticamente todo lo que hay en los cielos puede afectar a cada persona de una manera coherente con su personalidad central o sus signos solares. Los cuerpos planetarios dentro de la astrología incluyen planetas, estrellas, lunas y planetoides. A veces hay un significado específico ligado a ciertos signos donde un planetoide o estrella puede afectar a esos signos y no a otros.

Sagitario es uno de estos signos con Kaus Borealis y Kaus Australis en su constelación. La presencia de estas dos estrellas prominentes puede poner de manifiesto rasgos clave de la personalidad cuando son más brillantes y cuando Sagitario está presente. Kaus Borealis se asocia con la fuerza y la flexibilidad, mientras que Kaus Australis potencia la fijación de objetivos y el apuntar alto.

El impacto de las estrellas de Sagitario será mayor cuando Sagitario esté presente. Para los que se encuentran en el hemisferio norte, esto ocurre desde principios de junio hasta finales de agosto o principios de septiembre.

Movimientos planetarios

Los cuerpos celestes y sus movimientos están en constante cambio; aun así, puede utilizar la información básica sobre cada cuerpo para planificar con antelación. Aquellos que siguen la astrología pueden estar familiarizados con términos como Mercurio retrógrado, y aquí es donde esos términos entran en acción.

Los astrólogos miran años en el futuro para ayudar a determinar cuándo los planetas entrarán en ciertas casas y signos. Este elemento de la astrología es donde se convierte en más ciencia que otra cosa. Estos planetas y otros cuerpos celestes se mueven siguiendo pistas predeterminadas. Estos movimientos fiables hicieron que las civilizaciones antiguas utilizaran los movimientos de los planetas y las estrellas como base para sus calendarios y los calendarios que utilizamos hoy en día.

Mercurio en Sagitario

Mercurio aparece en dos formatos principales. En primer lugar, el planeta puede estar simplemente en Sagitario, o puede estar retrógrado en Sagitario. Cuando Mercurio interactúa con Sagitario, promueve la libertad de pensamiento y la comunicación abierta. El inconveniente es que la mayor parte de esta comunicación comienza de forma bastante optimista y luego da un giro. Los sagitarianos deben tener especial cuidado de utilizar cualquier técnica que empleen al iniciar las conversaciones, porque estas discusiones pueden convertirse rápidamente en discusiones.

Cuando Mercurio está en Sagitario, puede notar que otros signos adoptan medios sagitarianos para comunicarse. Otras personas pueden estar menos inclinadas a guardar sus opiniones para sí mismas o a quedarse calladas sobre lo que piensan durante una conversación. Mercurio es la casa de la comunicación, y a menudo impulsa a las personas a explorar nuevas formas de comunicarse. Desgraciadamente, muchas personas viven con un leve temor a Mercurio por problemas de información.

Hay otro elemento que viene con Mercurio estando en Sagitario. La organización. Los sagitarianos nunca son grandes organizadores de todos modos, pero pueden sentir la necesidad de desordenarse cuando Sagitario entra en Mercurio. Para los nacidos en Sagitario, la entrada de Mercurio en su signo suele provocar la sensación de tener demasiadas cosas y la necesidad de espacio libre. Así es, aunque su demanda de libertad personal se manifieste en su espacio vital inmediato.

Mercurio puede permanecer en Sagitario entre 14 y 30 días. Eso no ofrece una gran ventana, pero sí un alivio rápido si ese tramo de Mercurio en Sagitario no está funcionando bien.

Venus en Sagitario

Venus es el planeta del amor y sigue rigiendo las relaciones hasta el día de hoy. Cuando Venus entra en Sagitario, las personas son más propensas a ver lo bueno de los demás. Otros signos pueden ponerse esas gafas de color rosa que los sagitarianos llevan a diario. Además, los nativos de Sagitario y muchos otros signos percibirán la necesidad de aprender cosas nuevas sobre su pareja y tener nuevas experiencias juntos.

Venus puede permanecer en Sagitario desde 23 hasta unos 60 días, y eso puede ser una buena noticia para muchas relaciones. Los nativos de Sagitario sienten el efecto de Venus directamente cuando está en este signo. Es posible que idolatren a su amante y aprecien sus ideas y creencias en lugar de participar en debates y discusiones amistosas. Los sagitarianos también se vuelven más serios cuando Venus está en su signo y pueden incluso plantearse sentar la cabeza.

La buena noticia es que cuando Venus está en Sagitario, muchas personas suelen estar más abiertas a las experiencias e ideas. Pero si Venus está en Sagitario durante un tiempo prolongado, puede sentirse como una sobrecarga emocional. Después de unos 20 días, los sagitarianos están listos para pasar de Venus, pero tienen una pequeña lista de control. Por lo general, aspiran a experimentar algo nuevo y a consolidar sus relaciones antes de salir de Venus. Los sagitarianos deben saber que no exigen ser perfectos durante este tiempo. Pueden seguir siendo ellos mismos y no abrumarse con las emociones. No hay ningún deseo de ser perfectos para su pareja, padres, hijos o amigos. Cuando están en Venus, los nativos de Sagitario se complacen fácilmente, pero pueden sentir que están atascados en la rutina o que no contribuyen lo suficiente a sus relaciones.

Marte en Sagitario

Marte está en Sagitario durante un mes y medio o seis semanas. Durante ese tiempo, tenga cuidado. Los sagitarianos ya tienen problemas para evitar que las conversaciones tomen un giro desafortunado. Cuando Marte está en Sagitario, los nacidos en Sagitario tienen una dificultad excepcional con la paciencia, para mantener su ira bajo control y la inquietud durante una conversación. Aunque Marte no tiene nada que ver con la comunicación, tiene mucho que ver con la ira, ya que el Dios de la Guerra lo rige.

Los sagitarianos pueden compensar un poco esto eligiendo la comunicación por texto y tomando medidas para reducir el tiempo de espera de un mensaje. Por ejemplo, en lugar de esperar airadamente a que su pareja le devuelva el mensaje mientras intenta cultivar una discusión, apague el teléfono durante 10 minutos o déjelo en la otra habitación, olvídese de él y luego vuelva a cogerlo. También puede intentar establecer restricciones en su teléfono durante las horas de trabajo, o en los momentos en los que quiera estar solo para que no le molesten las conversaciones que puedan distraerle. Por supuesto, esta no es una solución permanente. A los sagitarianos les encanta la interacción social, pero a veces, por el bien de sus amistades y otras relaciones, podrían necesitar apartarse un poco para evitar discusiones y peleas.

Las personas con Marte en Sagitario en su carta natal se enfrentan a problemas peculiares para los sagitarianos. Si es Sagitario y Marte está en Sagitario en su carta astral, es posible que haya notado un claro problema con la terminación de las cosas. Marte suele encarnar el caos, y cuando eso se mezcla con el gusto por la vida del sagitariano, significa grandes sueños y poca acción. Si este es su caso, evalúe cuidadosamente qué proyectos quiere llevar a cabo y cuánto tiempo le dedica. De este modo, podrá reducir el número de proyectos a medio hacer que hay en su casa o en su escritorio.

Saturno en Sagitario

Saturno y Sagitario tienen bastantes cosas en común. Ambos están profundamente arraigados en la ética, la espiritualidad y la mente superior, pero Saturno y Sagitario se diferencian porque Sagitario tiene que ver con las restricciones y las reglas. Sagitario, regido por Júpiter, tiene que ver con posibilidades ilimitadas y aspiraciones extraordinariamente altas. Así que, cuando Saturno entra en Sagitario y mientras transita por él, los sagitarianos tienen esta capacidad insana de llevar a cabo muchos de los proyectos que han comenzado.

Los sagitarianos no son conocidos por dejar de lado un proyecto, pero son conocidos por tomarse su tiempo cuando Saturno está en Sagitario. Tienen este período de aceptación, en el que reconocen lo que tienen que hacer y lo hacen. Para los primeros sagitarianos, esta es también una gran oportunidad para lograr un poco de reflexión interna. Muchos nativos de Sagitario utilizan este tiempo para evaluar cuán en sintonía están con ellos mismos y si están prestando suficiente atención a su vocación superior en la vida. Es una excusa para hacer un poco de inventario moral.

Urano en Sagitario

Urano no ha entrado en Sagitario desde 1988, y nadie debería esperar que vuelva a rondar por allí pronto. Cuando Urano está en Sagitario, hay una buena cantidad de rebelión. Hay muchos empujones contra los tabúes, la educación y los sistemas de creencias. Esto es bastante coherente con lo que se vivió a finales de los 80 y principios de los 90. Urano dejó Sagitario en 1995.

El planeta regente de Sagitario-Júpiter

Este es el planeta que rige a Sagitario, guardián de la mente abstracta y superior, del afán por la curiosidad y las ideas. Realmente no hay forma de minimizar a Júpiter. Es una fuerza tan grande.

Júpiter es el planeta de la suerte, y promueve la formulación de la ideología, opera en el reino de los espíritus y rige directamente la religión y la filosofía. Todas estas cosas están relacionadas con la mente superior. Esa conexión es la que lleva a los sagitarianos en su búsqueda permanente de aprendizaje y nuevas experiencias. A menudo lleva a muchos a adentrarse en el reino espiritual, e incluso cuando los sagitarianos no son necesariamente religiosos, pueden estar interesados en comprender la religión y la espiritualidad.

Exploremos ese lado de la suerte por un momento. Sabemos que Júpiter está en su carta astral en la posición más importante, su signo solar. Júpiter tiene dos rachas de suerte. La primera es la suerte pura y dura. La buena fortuna parece llegarles, y a menudo reciben lo que necesitan en el momento justo. Pero también existe el elemento de la suerte de juez y jurado. Los sagitarianos a menudo aprenderán las lecciones de la manera más dura cuando parece que su buena suerte se ha agotado, y entonces, en el último momento, podría haber indulgencia. La suerte, al menos con Júpiter, no siempre consiste en obtener ayuda cuando la necesitas. A menudo puede ser simplemente la menor de las consecuencias.

Júpiter, en la mitología romana, era el dios del cielo y de la naturaleza. También se le llamaba padre de los dioses y de los hombres. En la mitología griega, representa a Zeus, que derrocó a Saturno, o a Cronos, padre de Zeus. Como parte de esta mitología, Júpiter sirve como un poco de rebelión, pero estas historias marcan el significado de la ideología y la religión, ya que tanto Zeus como Júpiter derrocaron a dioses que gobernaban a través del caos y el miedo.

Mercurio en efecto retrógrado en los sagitarianos

Mercurio retrograda a menudo. Por término medio, retrocede tres o cuatro veces al año, y cuando lo hace, trae problemas. No todos los retrógrados son malos, pero el impacto del dominio de Mercurio sobre la comunicación suele causar problemas a muchos signos.

Sagitario siente estos impactos de forma aún más dolorosa que otros signos, debido a su forma contundente de comunicarse.

Aunque los sagitarianos no se preocupan por lo que piensan los demás, especialmente si se trata de algo que han dicho, este retrógrado plantea desafíos específicos. Los sagitarianos deben esperar tener frecuentes desacuerdos y sentirse constantemente perjudicados en las conversaciones cuando Mercurio está retrógrado.

Para contrarrestar esto, los nativos de Sagitario pueden centrarse no en la conversación en sí, sino en la actividad que se deriva de ella. Especialmente en el trabajo, los sagitarianos pueden centrarse en los asuntos y la buena actividad que se produce gracias a que otras personas defienden sus opiniones. Recuerde que sus opiniones e ideas suelen abrumar a los que le rodean. El problema es que ven su pasión como una agresión, y puede que no se enfrenten a usted para expresar su propia opinión. La mayoría de los otros signos no se dan cuenta de que usted es obstinado, pero también de mente abierta. Mercurio retrógrado puede ser frustrante, pero también puede presentar la oportunidad que ha querido para entrar en temas profundos y complejos con personas que normalmente evitan la conversación.

Sagitario en diferentes casas

Hay 12 casas en el zodiaco, y cada una alberga un signo zodiacal, pero son diferentes. En cambio, la casa refleja el reflejo de la tierra sobre su eje, ya que el zodiaco representa el movimiento de la tierra alrededor del sol. De las 12 casas, es habitual que las personas tengan un vínculo más estrecho con la casa de su signo solar, pero cada casa afectará a su vida.

Cuando tenga su carta astral o natal, podrá encontrar cualquier cuerpo planetario en sus diferentes casas. Esto le brinda la oportunidad de evaluar cada faceta de su personalidad y de su vida cotidiana, teniendo en cuenta las casas y los planetas. Este elemento ve tanto los árboles como el bosque; está mirando el panorama general con las piezas pequeñas en mente. Las casas varían para cada persona como una pequeña pieza de su personalidad. Alguien puede tener varios planetas o cero cuerpos planetarios en cualquier casa, pero puede utilizar esta guía rápida para navegar por las diferentes casas a través de los ojos de la personalidad de Sagitario.

Primera Casa: Casa de las primeras impresiones, del liderazgo y de la apariencia - Regida por Aries

La primera casa está regida por Aries y es más grande que la vida. Los sagitarianos a menudo se sienten en lo más profundo de su primera casa, y de ahí sacan su sentido del humor. Los sagitarianos con Sagitario en su primera casa son ciertamente rápidos con los comentarios inteligentes, pero los atemperan con un poco de humor tonto.

Incluso cuando Sagitario no está en la primera casa, se conecta fuertemente con el liderazgo y las primeras impresiones. Eso puede provocar una fuerte conexión.

Segunda Casa: Casa de los entornos, los sentidos y el dinero - Regida por Tauro

Los sagitarianos no siempre están muy arraigados a su segunda casa, que está regida por el signo de tierra Tauro, y mucho tiene que ver con los viajes. La diferencia entre los viajes de la segunda casa y los de los sagitarianos es que los nativos de Sagitario tienen tendencias nómadas para aprender y ser testigos de ideologías o espiritualidad en diferentes países. Con la segunda casa, esta es la casa de los ambientes y los sentidos, que suele tirar más hacia los ambientes estáticos.

Tercera Casa: Casa de la comunicación, los viajes y la comunidad - Regida por Géminis

La tercera casa es la de la comunicación, los viajes y la comunidad. Al observar su carta astral, considere cuán profundamente conectado está con su comunidad. Los que tienen un signo de fuego en su tercera casa a menudo sienten una comprensión más profunda de la obligación con los que les rodean. Si Sagitario está en la tercera casa, una persona puede sentirse dividida entre la necesidad de alejarse y la de quedarse.

Lo que la mayoría de los Sagitarios obtienen de su tercera casa es un profundo sentido de la comunidad y la comunicación. Los nativos de Sagitario ya tienen una base sólida para viajar, y no necesitan tirar de otra casa para alimentar esa necesidad. En cambio, esta casa puede ayudar a Sagitario a entender cómo interactúan con las comunidades y cómo se comunican con los extraños o con las personas que acaban de conocer.

Cuarta Casa: Casa del hogar, la familia, la privacidad y los cimientos - Regida por Cáncer

Esta casa representa el hogar, la familia y, esencialmente, la creación de una familia propia. Está estrechamente vinculada a la luna, y su signo lunar, y su signo solar, pueden desempeñar un papel en su cuarta casa. El signo que se encuentra en su cuarta casa durante su nacimiento tiene el impacto más monumental, y ese es su signo lunar. Pero, a medida que diferentes signos entren en la cuarta casa, sentirá cambios sutiles en sus ideales en torno a la familia y el hogar.

Quinta Casa: Casa de la autoexpresión, la creatividad, la atención y la diversión - Regida por Leo

La quinta casa tiene que ver con el placer y la satisfacción. Los sagitarianos suelen encontrar gran diversión en los viajes o en la exploración de otras culturas. Si no siente el deseo de viajar, considere la posibilidad de ver equipos deportivos extranjeros, películas románticas en diferentes idiomas o aprender un nuevo idioma usted mismo.

Sexta Casa: Casa de la salud, del servicio, de la rutina y de la ayuda - Regida por Virgo

La sexta casa es la casa de la salud. Los sagitarianos tienen notoriamente problemas con las caderas y el hígado. Son propensos a la ciática, pero un Sagitario puede sentirse mejor cuando algunos signos se mueven por la sexta casa. Por supuesto, lo mejor es responsabilizarse de la salud en general. Con estrellas o sin ellas, manténgase activo, cultive rutinas saludables y mantenga buenos hábitos alimenticios.

Séptima Casa: Casa de las Relaciones, tanto de negocios como personales - Regida por Libra

Libra ve sobre la séptima casa, pero como los diferentes signos se mueven a través de ella, hay fluctuaciones en los eventos diarios con respecto a las relaciones. La séptima casa es en gran medida responsable de lo personal y de los negocios, pero suele llamarse la casa del matrimonio.

Octava Casa: Casa del nacimiento, la muerte, la transformación y la energía - Regida por Escorpio

La casa del nacimiento y la muerte suele alimentar los deseos carnales como la energía y el sexo, pero también puede manifestarse en el odio y la ira. Si está albergando ira, entonces tenga cuidado, ya que Sagitario entra en la octava casa. Cuando esté observando su carta astral, preste mucha atención a esta casa, es una gran oportunidad para acercarse al sexo, y redefinir su energía.

Novena Casa: Casa de la mente superior, de la religión y de la educación- Regida por Sagitario

Esta es su casa, la casa de la mente superior y la educación. Explore y aprenda todo lo que pueda mientras sea divertido y atractivo. Si algo se convierte en "trabajo" y no es obligatorio para su carrera, abandónelo. Su novena casa puede ayudarle a acumular una gran riqueza de conocimientos si no le pesa. Esto afectará en gran medida a su carrera.

Décima Casa: Casa de la estructura, la tradición, la carrera y la imagen - Regida por Capricornio

Esta casa es la forma en que nos sentimos con el resto del mundo. Nos lleva a evaluar y aceptar nuestras obligaciones, a planificar grandes proyectos y a saber cuándo aceptar la responsabilidad personal. Capricornio es en gran medida un signo responsable y organizado, por lo que no es de extrañar que esta sea su casa, pero el problema abrumador es que los sagitarianos tienen casi una alergia natural a la planificación y se sienten obligados a cumplir con las obligaciones. Es probable que le cueste identificarse con esta casa a lo largo de su vida.

Undécima Casa: Casa de las amistades, la tecnología y el futuro - Regida por Acuario

Los nativos de Sagitario lo saben todo sobre la amistad y a menudo tienen las experiencias más tumultuosas y gratificantes en la amistad, pero esta casa también rige la tecnología y lo que está por venir. Cualquier sagitariano puede sentir una fuerte atracción hacia los cambios que trae la undécima casa.

Doceava Casa: Casa de los finales, de atar cabos y de la vida después de la muerte- Regida por Piscis

La duodécima casa es razonablemente la casa de los finales y la que también puede dar lugar a la perdición. Las personas de Sagitario deben ser excepcionalmente cuidadosas y conscientes de su casa doce, ya que puede conducir a una buena cantidad de autosabotaje. Esto lleva a las personas a tener aventuras secretas para destruir una relación estable y amorosa. O que se posponga continuamente un gran proyecto laboral porque es más fácil fracasar y arriesgarse a ser despedido que afrontar el reto de ascender.

Todas estas casas tienen un impacto en su vida diaria, y con una carta estelar activa, puede trazar exactamente qué casas debe afrontar con más atención en cualquier día.

Capítulo 4: Fortalezas de los sagitarianos

Los nativos de Sagitario tienen superpoderes únicos en el mundo del zodiaco. Ven el bien, la luz, y actúan asumiendo que lo mejor está por llegar. Manifestar y trabajar a favor de los resultados positivos es lo que diferencia a los sagitarianos del resto de los signos y conduce a todas sus fortalezas. Suelen ser aplaudidos como el más bondadoso de los signos de fuego y el más divertido de todo el zodiaco.

Los nacidos bajo Sagitario aman la vida y son optimistas sobre todas las cosas maravillosas que están por venir. No ven la necesidad de darle vueltas al pasado ni de obsesionarse con las cosas que pueden salir mal. Los nativos de Sagitario se fijan en la palabra intangible en esas situaciones. Ven el "puede", el "posiblemente" y el "podría" como acontecimientos improbables de los que no deberían preocuparse. Normalmente, los sagitarianos tampoco se enfocan en sus desgracias, a menudo porque saben que la buena suerte o un giro a mejor está cerca.

Su habilidad para mirar hacia el futuro les permite jugar hacia las fortalezas regularmente. En el próximo capítulo trataremos las debilidades y los desafíos comunes de los sagitarianos, pero aquí verá que a menudo se trata de que estos desafíos sean de naturaleza similar a sus fortalezas. Cuando un sagitariano se pasa de la raya, puede haber algunos inconvenientes. Pero, por ahora, nos enfocaremos en cómo estas fortalezas a menudo permiten a los nativos de Sagitario vivir sus mejores vidas con generalmente poco esfuerzo.

Como guinda del pastel, los nativos de Sagitario suelen tener las personalidades más directas y francas, lo que hace que se enfoquen en sus fortalezas. No prefieren dejarse enredar por todas las pequeñas cosas de la vida. La mayoría de las veces, los sagitarianos descubren en qué son buenos y se pasan la vida mejorando en esas áreas o utilizando esas fortalezas para aprender y explorar otras áreas de la vida.

Lealtad

La lealtad es una presencia frecuente entre los signos de fuego. A diferencia de otros elementos, los signos de fuego son notablemente leales. Aunque los sagitarianos son espíritus libres y no les gusta quedar atrapados en un grupo, seguirán siendo fieles a varias personas en su vida.

La configuración habitual o típica de este estilo de lealtad en la vida de un Sagitario es que a menudo se conectará con unos pocos amigos dispersos en unos pocos grupos de amigos diferentes. Utilizando como ejemplo las agrupaciones estándar de la escuela secundaria, un Sagitario podría tener un amigo atleta cercano, otro amigo preppy cercano y otro amigo punk cercano. Ninguno de estos amigos entenderá por separado cómo llegaron a ser amigos del Sagitario o por qué todos encontraron tan buenos amigos en una sola persona, pero el Sagitario a menudo puede reunir a personas inesperadas, y cuando eso sucede, es mágico. No solo ofrecen una lealtad extraordinaria, sino que la cultivan en otras personas.

Un ejemplo de personaje sagitariano es Rachel Green de Friends. Una sagitariana que claramente es el pegamento entre el extraño surtido de compañeros del grupo. No se encuentran en grupitos, sino que se encuentran dando su lealtad a amigos independientes, o extrayendo lo mejor de cada grupito para construir un grupo de amigos.

Los sagitarianos también odian los prejuicios y trabajan activamente para cultivar amigos de todos los orígenes. Quieren ser amigos del mundo, pero saben que eso puede acarrear problemas. Como los nativos de Sagitario hacen amigos con facilidad, puede parecer que tienen problemas para dedicar su lealtad a unas pocas personas. Eso no podría estar más lejos del caso. A un nativo de Sagitario le puede resultar fácil, pero solo tiene un puñado de mejores amigos. En ese sentido, ofrecen una lealtad inigualable, y pueden clasificar fácilmente su lealtad a amigos específicos.

Si usted es amigo, familiar o pareja sentimental de un Sagitario, es posible que haya sido testigo de esta lealtad de primera mano. Los que ponen un ultimátum a los nacidos en Sagitario, como "son ellos o yo", la persona que propone el ultimátum perderá. Si les piden que elijan entre su relación o sus amigos, los amigos ganarán.

Como amigo de un Sagitario, tendrá una suerte increíble. Pero tenga cuidado de no pedirle demasiado a su amigo sagitariano porque son lo suficientemente leales y generosos como para dar más de lo que pueden.

Como miembro de la familia de un sagitariano, tenga cuidado. Los nacidos en Sagitario son leales, pero a diferencia de Cáncer, Leo o Piscis, no valoran intrínsecamente a los familiares por encima de los amigos. Intente cultivar una amistad cuando entren en la edad adulta y acomódese a sus necesidades lo mejor que pueda sin arrastrarse por su amistad. Los sagitarianos detestan las personas que se rebajan.

Como pareja romántica de un sagitariano, hay muchas oportunidades para la lealtad de por vida, pero también el riesgo de perderlo todo rápidamente. Los sagitarianos son notoriamente difíciles de engañar, así que, si tiene una relación, ha superado el mayor obstáculo. Pero, si alguna vez se trata de una cuestión entre usted y las demás personas de su vida, es probable que elijan a quienes conocen desde hace años antes que a un amante.

Los sagitarianos apoyan a esas personas en su vida y quieren verlas triunfar. También prefieren ver a la gente en buenas relaciones y cultivar vínculos y amistades que resistan el paso del tiempo.

Donde un Sagitario puede flaquear en esta fortaleza es en el sentimentalismo. Hay un elemento abrumador en Sagitario: dicen lo que piensan. Son el amigo que siempre será honesto y comunicativo. Por desgracia, muchas personas no pueden soportar eso, y a menudo se irán. Sin embargo, eso está bien, porque los nativos de Sagitario no disfrutan del sentimentalismo de las personas frágiles o demasiado emocionales. No dan su lealtad a cambio de nada. Es gratis. Solo esperan que no se aprovechen de ellos, ni los utilicen, ni los exploten.

Naturalmente atlético y aventurero

Los sagitarianos son atletas, tanto si aspiran a la excelencia atlética como si no. Su naturaleza atlética les ayuda a desarrollar su fuerza aventurera. Sagitario quiere salir al mundo; caminar por las muchas maravillas y viajar a lo profundo de países extranjeros o ciudades nuevas. Normalmente, los sagitarianos dan largas zancadas y balancean los brazos al caminar. Son muy decididos.

Y puede que les gusten las actividades atléticas que les proporcionen emoción, cosas como la espeleología, el alpinismo, el ciclismo, el CrossFit o incluso el yoga. Si puede llevarle a nuevos lugares o proporcionarle experiencias únicas, entonces merece la pena el tiempo del sagitariano.

La fuerza reside en el hecho de que esto culmina en una colección mayor de impacto planetario. En primer lugar, tiene el planeta regente Júpiter, el dios de los dioses. En segundo lugar, tiene la energía y la pasión del elemento Fuego y, por último, tiene el factor de aceptación del cambio de la modalidad. Exudan una vitalidad para la vida, y la difunden. Energizan a otras personas con esta fuerte energía interna.

La mejor manera de mantener esta fortaleza es hacer más cosas. Haga ejercicio, explore o sea activo a menudo en la vida. Cuando se tome un descanso en el trabajo, dé un paseo por el edificio o la zona. Aunque solo sea hasta el estacionamiento y de vuelta, aumentará su energía para el resto del día. Y lo que es mejor, es probable que mucha gente le acompañe. La gente prefiere naturalmente estar cerca de usted, especialmente cuando está activo. Esto se debe a que, sin saberlo, sienten una atracción magnética por su alto nivel de aventura y atletismo, y quieren compartir esa vitalidad por la vida.

Los nativos de Sagitario deben saber que no deben encerrarse durante demasiado tiempo. Puede que sea necesario salir de casa o del edificio de la oficina, para no sentirse encerrado y separado de esa fuerza natural suya. Mejor aún, puede dedicarse a una carrera o a un pasatiempo que le permita aprovechar estas fortalezas con regularidad.

Curioso

La curiosidad mató al gato, pero el Arquero está a salvo en este escenario. Los Sagitario suelen dejar que su curiosidad les guíe por la vida. Son el niño que pregunta constantemente: "¿Qué es esto?" o "¿Por qué?" y quieren respuestas completas. Esto se debe a Júpiter. Como planeta de la mente superior que es, los sagitarianos tienen una atracción natural hacia el aprendizaje.

Pero los nativos de Sagitario llegarán a un punto en el que tendrán el control para dirigir su curiosidad. De niños, los sagitarianos muestran interés por todo, desde el arte hasta las matemáticas, e incluso se adentran en la música y el aire libre. Son los niños más exigentes cuando se trata de que sus padres tengan la energía suficiente para seguirles el ritmo. Pero, cuando llegan a la mitad o al final de la veintena, saben en qué son generalmente buenos y pueden dirigir su curiosidad hacia ese campo y temas relacionados.

Por ejemplo, dos autores famosos de Sagitario incluyen a Mark Twain y C. S. Lewis. Aunque ambos escribieron extensamente en la ficción, también exploraron múltiples géneros y escribieron no ficción de observación de la política y la ética de la época. Utilizaron su habilidad en la escritura para explorar otros intereses que tenían. También vale la pena señalar aquí que estos dos sagitarianos eran extremadamente fuertes en la búsqueda del conocimiento. Aunque solo C. S. Lewis recibió una educación formal, Mark Twain fue un apasionado aprendiz de por vida. Twain utilizó su amor por el lenguaje y el material impreso para explorar otros elementos que no se enseñaban en la escuela. Mientras trabajaba en una imprenta, aprovechó ese tiempo y el acceso a los materiales para aprender sobre botánica, historia y gobierno.

Positivo hasta lo último

En la apertura de este capítulo, no nos cansamos de hablar de la actitud positiva de un sagitariano, y es cierto. Probablemente no encuentre una persona más positiva en la vida que un Sagitario. Además, están dispuestos a difundir esa positividad.

El resultado de este alto nivel de positividad es a menudo un gran sentido del humor, la voluntad de hacer una broma, y una personalidad extrovertida. Son personas extremadamente directas y pasan poco tiempo preocupándose por las posibles consecuencias de su comportamiento.

En los mejores momentos, esto significa que el sagitariano puede dedicar mucho tiempo a manifestar su mejor vida. Se enfrentan a las situaciones creyendo que el mejor resultado no solo es posible. Es el resultado más probable. Son felices, y el simple hecho de serlo hace que muchas personas les traten bien y les den lo que quieren. Los sagitarianos también provocan, sin quererlo, muchas relaciones románticas con esta positividad.

Todo esto proviene de la energía radiante del fuego y de la suerte innata de Júpiter. Aportan su propia luz al mundo y no dependen de nadie más para ser felices. Con un optimismo excéntrico, tienden a la impaciencia y a emocionarse con demasiada facilidad. De niños, pueden ser exigentes y ocasionalmente molestos debido a su gran energía, mientras que, de adultos, pueden parecer egocéntricos o demasiado enérgicos para muchas personas. Eso está bien porque, de nuevo, los nativos de Sagitario no necesitan a nadie más para ser felices; así que en lo que a ellos respecta, esto no es su problema.

Independiente

Los sagitarianos valoran mucho la independencia; se aferran a ella con fuerza. Quieren tener la oportunidad de dar rienda suelta a sus pasiones, buscar todo el conocimiento del universo y vivir con un abandono imprudente. Buscan la independencia y la libertad incuestionable.

Esto parece una debilidad para todos los demás, como si no pudieran atarse y nunca tuvieran raíces significativas en un lugar específico o con una persona. Pero el Sagitario nunca se dejará molestar o influenciar por otras personas. La cúspide Capricornio-Sagitario puede exudar esto en un grado aún mayor.

Ellos también son muy directos, y con las cúspides de este signo, eso puede significar fácilmente un montón de arrebatos de ira, pero los sagitarianos suelen ser relajados, y los escorpianos y capricornianos se entiende que no lo son.

¿Cómo es esto una fortaleza para los nativos de Sagitario? Su alto nivel de independencia les da la libertad de buscar lo que quieren de la vida. Estas personas piensan con mucha libertad y son excepcionalmente hábiles para resolver problemas de forma creativa porque no están atados a otras personas. Además, manejan con facilidad las luchas internas porque han aprendido a temprana edad que no necesitan depender de nadie más.

Comprender la personalidad general del sagitariano fuerte

En su conjunto, pocas cosas parecen contradictorias, pero trabajan juntas para crear una fuerza tan potente detrás de las fortalezas de su personalidad.

En primer lugar, son leales e independientes. Pero la mayoría de las veces, la gente confunde ambas cosas como opuestas, cuando simplemente son diferentes. Los sagitarianos no dependen de otras personas para nada, y eso significa que pueden dar una lealtad diferente a la que la mayoría de la gente experimenta de otros signos. No quieren nada a cambio de su lealtad, y pueden parecer amigos distanciados, pero los verdaderos amigos de un Sagitario saben lo importante que es para ellos su independencia.

En segundo lugar, son hipercuriosos y atléticos. La gente ha adoptado esta mentalidad de "cerebro o músculo", y parece que una persona no puede ser ambas cosas. Evidentemente, eso no es cierto, y no todos los Sagitarios son musculosos de por sí, sino que disfrutan de la aventura. Normalmente, la aventura requiere destreza física, pero muchos sagitarianos han encontrado otra forma de crear aventuras. C. S. Lewis, el creador de Las Crónicas de Narnia y de muchas otras novelas de fantasía y ciencia ficción, cultivó sus propias aventuras. No necesitó aventurarse en la naturaleza; creó su propio mundo con su curiosidad y su intelecto.

Por último, un Sagitario puede parecer contundente, descarado y extrañamente... excepcionalmente positivo. Parece que la brusquedad y la insensibilidad serían rasgos de una persona negativa, pero todo esto proviene de una persona positiva. Dirán lo que quieran sin tener en cuenta a los demás debido a su alto valor de independencia, pero su positividad a menudo significa que esto viene de un buen lugar. Si un sagitariano dice: "Tu dieta no debe ir muy bien si sigues invitándome a comer pizza", no está diciendo que la otra persona esté gorda. Están señalando que su amigo no está cumpliendo con las expectativas que él mismo se ha fijado. Este Sagitario está ofreciendo su apoyo de la única manera que conoce; no duda de que pueda cumplir sus objetivos, *solo intenta ayudar a alcanzar el nivel que quiere lograr.*

En general, los sagitarianos son algo diferente. Pueden parecer un surtido de personalidades disparatadas, pero lo tienen claro, y cuando no lo tienen, no les molesta.

Capítulo 5: Desafíos comunes de Sagitario

Los sagitarianos pueden disfrutar de su éxito creado de forma independiente durante la mayor parte de su vida, pero todos se enfrentan a desafíos. Aunque están regidos por Júpiter, que tiene un papel enorme en su vida, y es el cuerpo más grande del sistema solar además del sol, siempre están en la cúspide de la excelencia y la expansión. Son las personas que exploran y quieren saber absolutamente todo sobre el mundo que les rodea. Ahí es donde experimentan la mayoría de sus retos.

Si ha vivido cerca de un Sagitario, habrá notado que estas exigencias se relacionan directamente con su personalidad central, y a veces ni siquiera lo notan. Para los nativos de Sagitario, la lectura de estos desafíos puede ser realmente reveladora. A diferencia de otras facetas del Zodíaco, los conocedores del movimiento planetario y de los signos solares, este no será un momento en el que se pueda sentar y asentir con la cabeza. Muchos sagitarianos podrían argumentar rotundamente que no son desafíos. Muchos podrían incluso insistir en que son elementos positivos de su personalidad.

Aquellos que conocen a un nativo de Sagitario verán fácilmente estos desafíos o debilidades comunes entre los nacidos en la novena casa.

Impaciencia

Un nativo de Sagitario no puede ni quiere esperar pacientemente por nada. Los sagitarianos se encuentran entre los niños del zodíaco y encarnan este estilo de estado mental siempre joven. Esto se deriva directamente de su modalidad y de su deseo de máxima flexibilidad y movimiento constante, pero esa necesidad de movimiento constante es lo mismo que una absoluta inquietud.

El elemento mutable los anima a aceptar el cambio y a buscar el cambio constante. Si a un Sagitario se le dice que debe esperar seis meses para un ascenso, es más probable que esa persona deje su trabajo y encuentre un puesto diferente en otra empresa. Incluso si eso no se traduce en un ascenso, es algo diferente, y los sagitarianos anhelan eso.

En lo que respecta a la escuela, muchos sagitarianos ya se han retirado cuando llegan a la escuela secundaria. Pueden manejar esto de una de dos maneras. Pueden ver la escuela secundaria como un mal necesario y simplemente hacer lo suficiente para salir adelante y rebelarse por completo. O bien, sobresalen y se mantienen entre los mejores de su clase para tener la mayor cantidad de opciones disponibles después de la graduación. Los sagitarianos están orientados a grandes objetivos y otros pueden pensar en su juego a largo plazo, pero muchos tienden a enfocarse en el juego a corto plazo y no pueden ser lo suficientemente pacientes para cosechar todas las recompensas de su duro trabajo.

En el trabajo, la necesidad de cambio de los sagitarianos suele conducir a la impaciencia, y esa impaciencia se lleva a flor de piel. A un Sagitario no le gustará estar atrapado en un puesto sin salida y no le gustará estar demasiado comprometido con una empresa. Puede que incluso renuncie a un trabajo para demostrar la libertad que tiene.

En el amor, la necesidad de cambiar y avanzar rara vez los lleva en la dirección que la gente espera. No se apresuran a casarse y no están impacientes por establecerse y formar una familia. En todo caso, están impacientes por volver a encender ese romance apasionado que alimenta el comienzo de una relación. Les encanta la fase de luna de miel, y para ellos, la necesidad de cambio es precipitarse hacia esa fase de luna de miel de nuevo, incluso con una nueva persona.

Intolerancia

Hay dos factores principales que contribuyen a esta debilidad, y este es un reto que los sagitarianos podrían considerar como un periodo de superpotencia. Pero cuidado, porque pueden caer en su propia tontería. Los sagitarianos reciben un regalo del planeta regente Júpiter y de la novena casa, que es la casa de la mente superior. Los sagitarianos pueden leer a la gente y evaluar los elementos más profundos de una persona a simple vista.

Su naturaleza excepcionalmente intuitiva les permite captar rápidamente el carácter de una persona. Por sí solo, es un don, pero cuando se combina con su abrumadora honestidad y su deseo de tener una sociedad entera de inconformistas, los sagitarianos simplemente no soportan a los individuos que llevan una máscara en público. Si un Sagitario puede notar que alguien es diferente en privado de lo que es cuando está rodeado de otras personas, lo rechazará de su vida. No son personas que sean educadas por serlo. No reparten "tonterías", ni tampoco la aguantan.

Hay otros dos factores de personalidad que los sagitarianos no soportan en absoluto. Un nativo de Sagitario no tolerará que alguien sea egoísta. Aquí es donde los sagitarianos se diferencian de otros signos de fuego. Aunque ambos son generosos, Aries y Leo ponen sus necesidades por encima de las de los demás. Sopesarían ambos conjuntos de necesidades por separado y decidirían cuál es el curso de acción más lógico antes de poner simplemente sus demandas en primer lugar.

Miedo al compromiso

Este problema no es necesariamente una debilidad o un defecto, sino que es una cuestión de mala interpretación. Es un reto que experimentan los sagitarianos por lo que piensan los demás. Pero a los nativos de Sagitario no les importa lo que piensen los demás, ni su nivel o capacidad de compromiso. Se dan cuenta de que son buscadores de libertad, y que no se verán obligados a entrar en ninguna relación.

Los sagitarianos suelen ver las situaciones románticas de forma negativa, como una situación en la que un adulto controla o retiene a otro. Este no es el caso, y los sagitarianos pueden tardar toda la vida en darse cuenta de que las buenas relaciones no implican que nadie controle o manipule a la otra persona.

Ahora bien, a los nativos de Sagitario no les gusta sentirse cercados, y las relaciones pueden ciertamente causar eso, pero no tienen miedo de comprometerse. Temen comprometerse con la persona equivocada. Un Sagitario raramente dará tanta importancia a la posibilidad de que algo salga mal. Son personas positivas por naturaleza y no piensan en que las cosas salgan mal, pero con las relaciones, pasarán mucho tiempo pensando en todas las cosas que podrían salir mal.

En pocas palabras, si alguien muestra la más mínima inclinación de:

- Drama complicado (incluyendo el drama familiar)
- Egoísmo perpetuo
- Necesidad de aprobación constante
- Carácter sentencioso

Un nativo de Sagitario realmente anhela esa profunda conexión de alma gemela, pero saben que es una oportunidad única en la vida. No tienen prisa por precipitarse en una relación o en un compromiso con alguien que podría no encajar. En cambio, es probable que tengan muchas relaciones mientras buscan a alguien que les ayude a sacar lo mejor de ellos para poder devolverles el favor.

Los sagitarianos necesitan a alguien que pueda seguir el ritmo de su gran energía o que disfrute sentándose de vez en cuando. Dejar que los nativos de Sagitario tengan libertad es importante, y suelen creer que la libertad y la independencia deben fomentar las relaciones incluso durante el matrimonio.

Uno de los principales desafíos que experimentará un Sagitario es que los demás sientan que tienen miedo al compromiso. Otros tratarán de presionar al nativo de Sagitario para que se comprometa o siga adelante y se impacientarán, lo que puede significar que experimenten el fin de muchas relaciones. Este desafío consiste en que creerán que es una situación que "no es mi problema", pero si no comunican lo que esperan de la relación, esta se convertirá rápidamente en su problema.

Franqueza

En cuanto a la comunicación, los sagitarianos no dudan en "decir las cosas como son". Dicen exactamente lo que quieren decir, y lo dicen cuando les apetece soltar las palabras al mundo. En general, es una falta total de disciplina y tacto, pero solo dicen la verdad desde el punto de vista sagitariano, y todo el mundo merece oírla.

Este desafío en particular surge siempre que son infelices. En muchos otros signos solares, las personas pueden callarse, retirarse o debatirse en silencio sobre las palabras que quieren decir, pero que saben que no son correctas. Un Sagitario no lo hará, y esto se debe a los factores de su planeta regente Júpiter y su elemento fuego. Estos dos factores combinados significan que están apasionadamente en la búsqueda de la verdad y el conocimiento y quieren que todos los demás lo experimenten. Cuando los nativos de Sagitario se sienten heridos, acuden a los foros públicos para asegurarse de que todo el mundo sepa cómo se les ha perjudicado y lo que piensan al respecto.

En el lugar de trabajo, esto provoca importantes problemas y desafíos. Un sagitariano puede tener dificultades para ascender en una empresa o para permanecer en un equipo durante mucho tiempo, no solo porque carece de paciencia, sino también porque simplemente no tiene tacto. Es probable que alguien en la empresa o en el equipo se canse de escuchar al Sagitario quejarse de lo mismo o, lo que es peor, soltar "bombas de verdad" en reuniones o correos electrónicos importantes.

Para los sagitarianos, podrían probar algunas de estas tácticas para superar esta lucha:

- Practique la escucha activa cuando sea inapropiado expresar una opinión. Por ejemplo, cuando otra persona está dirigiendo una reunión.

- No se dirija a grupos grandes para hablar de asuntos que implican a personas concretas. Por ejemplo, no responda a toda la empresa en un correo electrónico cuando el asunto solo afecta a una o dos personas.

- Cuando sienta que tiene que educar a los que le rodean sobre cómo son "realmente las cosas", tómese un respiro y aléjese. Su lado fogoso puede provocar un ataque de ira y hacer que todos se sientan mal por la situación.

Descuidado y a menudo aburrido

Sería un grave error decir que un sagitariano famoso como Winston Churchill era descuidado, pero ciertamente tenía sus momentos y a menudo se aburría. De hecho, tenía fama de alejarse de las cosas que no le llamaban la atención o que no le llevaban a la acción. No tenía tiempo para la gente que solo hablaba, y cuando se aburría con algo, dejaba que otros se encargaran de ello. Por su descuido, hay momentos clave en la historia que marcan el desafío de este líder, a menudo olvidado. El incidente de la Gran Niebla, en el que murieron muchas personas porque el gobierno no tomó medidas para proteger al pueblo, es posiblemente el más notable. Churchill desechó este peligro como "mera niebla" y no se molestó en prestarle más atención.

Los sagitarianos quieren vivir una vida feliz y vivirla. Ponen toda su atención en el presente. Por eso muchos grandes líderes son los grandes líderes que conocemos, ya que miraron el presente y tomaron las mejores decisiones posibles para el momento, pero diariamente, esto puede presentar problemas.

Pueden dejar varios proyectos sin terminar durante largos períodos y ser inconsistentes para manejar elementos dentro de su vida laboral. Cada vez que hay un asunto que involucra a alguien que cuenta con ellos, pueden tener problemas para mantener el control de por qué algo es importante cuando también es aburrido.

Para evitar el aburrimiento:

- Conéctese regularmente con quienes valoran la tarea como crítica o vital para que le recuerden con frecuencia por qué estas tareas aburridas son necesarias.
- Dedique una cantidad de tiempo limitada a las tareas aburridas, para que sea manejable y no se apodere de su vida.
- Determine cuánto tiempo es justo dedicar a los proyectos o tareas aburridas, para que no tenga la sensación de que se eternizan.

Para evitar descuidos:

- Pida a un amigo o compañero de trabajo que revise su trabajo.
- Cree una lista de comprobación al principio de la tarea, cuando todavía está muy concentrado, y utilícela cuando esté a punto de terminarla para asegurarse de que no ha omitido nada.
- Disfrute del proceso de aprendizaje; enfóquese en lo que está experimentando y aprendiendo más que en las ganas que tiene de cerrar el proyecto.

Para ayudar a un sagitariano a superar este reto:

- Cree recompensas extrínsecas por completar los hitos.
- Ofrezca la posibilidad de aprender e investigar nuevos factores del proyecto o tarea siempre que sea posible.
- Aproveche su franqueza para determinar cuándo una tarea o hito no es necesario o no sirve para nada.

Desafíos especiales para las cúspides

Como se ha mencionado anteriormente, muchos nativos de Sagitario caen justo en las líneas de cúspide de Escorpio o Capricornio, y estos dos signos no suelen ser cúspides razonables o fáciles de manejar. Escorpio viene con un montón de complicaciones en la comunicación, el procesamiento de las emociones y la materia del planeta opuesto. Mientras que un Sagitario siempre mira hacia el futuro y busca la positividad, Escorpio es todo lo contrario.

Cúspide Escorpio-Sagitario

La batalla de las emociones, el Sagitario con sus grandes emociones y el Escorpio que esconde sus emociones bajo una gruesa coraza, es una receta para discusiones explosivas después de largos períodos de cavilación. También son más propensos a sentirse poco apreciados y a no decir nada. Es posible que trabajen durante largos períodos de trabajo aburrido sin recompensa y se sientan despreciados o desvinculados sin nada más que mostrar. Odiarán esto y a menudo se desquitarán con sus seres queridos en lugar de con los de su lugar de trabajo.

Estas cúspides deberían hablar más y asumir la responsabilidad de hacer llegar sus quejas a la persona adecuada. Buscar a alguien que pueda ayudarles en su situación en lugar de a los que les rodean.

Cúspide Sagitario-Capricornio

Con los Capricornio, existe el asunto de que tanto el lado Capricornio como el Sagitario aman que los demás se equivoquen. Ahora bien, desde el punto de vista de Sagitario, les encanta debatir, aprender y discutir. No quieren que la otra persona se sienta equivocada. Solo quieren ganar la discusión, mientras que

Capricornio quiere hacer sentir a alguien que nunca podría ganar una discusión contra ellos cuando están enojados.

Las cúspides Sagitario-Capricornio deben prestar mucha atención a la forma en que se dirigen a la gente. Estos fallos de comunicación pueden hacer que se pierdan muchas amistades tan importantes para los Sagitario.

Capítulo 6: Sagitario a través de la infancia

Los sagitarianos se encuentran entre los niños eternos del zodíaco. Serían los niños perdidos del País de Nunca Jamás, ya que sencillamente no parecen envejecer, pero sus experiencias de la infancia moldearán drásticamente al Sagitario adulto, más que a otros signos. Por ejemplo, un Sagitario que recibió muchos elogios de niño probablemente buscará una carrera gratificante con frecuentes elogios. Aunque a los sagitarianos no les importa excepcionalmente lo que piensen los demás, asociarán esos elogios frecuentes con la comodidad del hogar.

Pero hay una situación más común a la que se enfrentan los sagitarianos. Odiar su infancia, o tener una aversión extrema por ella. Una de las principales debilidades de un Sagitario es su incapacidad para tratar con cierto tipo de personas. Supongamos que crecieron con alguien que veían como extremadamente necesitado o alguien que parecía victimizarse perpetuamente. En ese caso, es probable que les resulte aún más difícil estar cerca de quienes hacen esto más adelante en la vida. Es posible que abandonen a su familia, aunque sean excepcionalmente leales.

Los males y las buenas acciones que los sagitarianos experimentaron de niños actuarán como su estrella del norte a lo largo de la vida. La utilizarán para guiarse hacia lo que creen que es mejor para ellos y les ayudará a exponer cómo pueden mejorar y aprender de sus experiencias de la primera infancia.

Qué esperar de los niños sagitarianos

Un niño Sagitario se mostrará muy activo casi todo el tiempo. Es de esperar que estos niños dejen de dormir la siesta al principio de su etapa infantil, y que oscilen entre la independencia y la necesidad. El niño Sagitario está explorando su necesidad de libertad, pero quiere hacerlo con la red de seguridad. Es posible que se apegue más a uno de los padres que al otro en varios momentos, y eso podría ser para tantear el terreno de lo que cada uno de los padres le permitirá hacer.

Un niño Sagitario puede ser muy feliz jugando solo o con sus hermanos durante los primeros años, pero no es probable que forme un vínculo muy fuerte con los hermanos, a menos que tengan una edad cercana. Durante los años de la infancia, puede ser fácil ayudarles a alcanzar los hitos. Los niños Sagitario suelen aprender a ir al baño más rápido, son más serviciales con las tareas domésticas y se enorgullecen de completar un proyecto, ya sea para el preescolar o un proyecto artístico de su propia creación.

Todos estos son factores de su personalidad en desarrollo. Son valiosos en el hogar, y captan estos hitos de la edad temprana tan rápidamente porque ya fomentan esa necesidad de independencia: su deseo de participar en proyectos y jugar con grupos alimenta su creciente extraversión.

Es posible que durante la infancia sea cuando más se diferencien los hombres y las mujeres Sagitario. Las mujeres pasarán este tiempo explorando diferentes facetas de su identidad, y para cuando lleguen a la adolescencia, tendrán la mayor parte de su personalidad central solidificada y lista para la edad adulta. Los varones sagitarianos utilizan la primera infancia como tiempo de juego y luego descubren su identidad durante la adolescencia y finalmente se solidifican en su núcleo a los 20 o incluso a los 30 años.

Niñas Sagitario

Las niñas Sagitario son un placer para criar. Tienen un encanto extraordinariamente desarmante. Utilizan su naturaleza inquisitiva para incitar a los demás a comprometerse con ellas a un nivel más profundo que el que la mayoría de los niños pueden obtener de un adulto. También se apresuran a dejar que cualquier pensamiento que tengan salga de su boca, lo que hace que toda la vida sea "Los niños dicen las cosas más raras".

Sorprenden a la mayoría de la gente con su intelecto, su curiosidad y su franqueza. Son los niños que preguntan de dónde vienen los bebés a una edad muy temprana, y son los que preguntarán por qué es esencial sacar buenas notas o por qué es necesario querer ser algo cuando sean adultos. Y quieren respuestas reales. No aceptarán respuestas blandas. Seguirán indagando hasta que un adulto les dé una respuesta cuantificable con la que se sientan bien.

Desafortunadamente, muchos padres de niñas Sagitario se disculpan con frecuencia por las cosas que dice su hija. Estos padres también deben tener cuidado de no decir nada que no quieran que se repita. No querrán bromear sobre el deseo de patear a un perro (malo) de la familia delante de la joven Sagitario, que buscará a su tía y denunciará la declaración rápidamente.

Como puede ver, las niñas Sagitario siempre están escuchando. Necesitan saber exactamente quién está a su alrededor y quién las apoya en la edad adulta. Rápidamente formarán vínculos muy fuertes con las personas de su familia que consideren más adecuadas para criarlas. Estas jóvenes pueden apegarse a una tía o a una prima con más devoción que a sus hermanos.

Sin embargo, las niñas sagitarianas presentan una de las cualidades más redentoras en los niños. Son irremediablemente devotas de la verdad, y nunca debería esperar que su niña nativa de Sagitario mienta. Estos niños pequeños también son optimistas. Las niñas Sagitario son un poco más suspicaces sobre el flujo y reflujo de la vida que los varones Sagitario, pero notará que la mayoría de las niñas Sagitario perseveran en la vida con una actitud de poder.

Niños Sagitario

Los niños Sagitario dan a cualquiera una carrera por su dinero. Estos chicos necesitan nacer con otro signo de fuego de alta tensión que pueda seguir el ritmo de su energía. Cuando Aries o Leo tienen hijos varones de Sagitario, pueden prosperar juntos y cultivar una relación de por vida que progresa naturalmente de padre a hijo a una amistad adulta basada en el respeto mutuo.

Estos niños son aventureros. Necesitan salir a jugar al aire libre y no entrar hasta que se ponga el sol. Si son propensos a los videojuegos, quieren juegos basados en la aventura, con mucha acción y grandes mundos que explorar. Los niños Sagitario muestran muchos de los retos más destacados en sus primeros años. Estos chicos se rebelarán rotundamente contra cualquier signo de rutina, y odiarán rotundamente la normalidad.

Como niños pequeños, esto puede ser extremadamente difícil para cualquier padre; lo que casi lo hace peor es que el joven simplemente se está divirtiendo y, con suerte, el padre puede mostrar que no debe apagar eso cada vez. Sí, a veces es necesario cumplir con un horario o con ciertos hitos, pero los padres de los niños Sagitario deben recordar que son niños muy pequeños, y especialmente cuando son niños pequeños, el tiempo de juego suele ser más importante que seguir un horario o una rutina. Este niño utiliza el tiempo de juego para explorar el mundo que le rodea y comprender mejor cómo actúan los adultos que le rodean.

Aunque las niñas Sagitario pueden ser mucho más maduras que los niños en la infancia, una cosa que los niños hacen es *recrear a través de la imaginación*. A través del juego imaginativo, puede notar que los niños Sagitario a menudo representarán cosas que parecen estar fuera del ámbito de lo normal, pero están explorando la conversación y los conceptos profundos. Puede que estén jugando a los Piratas, pero lo que están haciendo es explorar la idea del bien y el mal, el robo y la redención, la jerga y el discurso formal.

Una de las mayores diferencias entre los nativos de Sagitario en sus años de juventud es que los niños son un poco más encantadores. Las niñas Sagitario utilizarán su brusquedad y curiosidad para incitar a los adultos a un comportamiento específico, mientras que los niños son dulces y acogedores. Quieren estar cerca de usted, y no quieren toda su atención. Simplemente quieren su presencia. La mayoría de los chicos no comienzan a explorar ese deseo de libertad hasta la adolescencia. También es posible que reserven más su curiosidad hasta la adolescencia.

Mariposas sociales tempranas

Incluso a edades tempranas, los sagitarianos son mariposas sociales. No pueden evitar hacer conocidos, y su gran energía es perfecta para protagonizar juegos infantiles.

Incluso cuando son bebés, les gusta que les cojan en brazos multitud de personas, no solo sus padres. Cuando entran en la edad infantil, se relacionan con los demás con facilidad y encuentran amigos en casi cualquier entorno. Son el niño que saluda alegremente a mamá o a papá cuando se va corriendo a la sala de preescolar mientras otros niños lloran porque sus padres se van.

Es posible que los padres de los nativos de Sagitario tengan que esforzarse un poco más para inculcarles la idea del "peligro de los extraños", o de las personas que no son de confianza. Tienen que demostrar quién tiene ciertas responsabilidades con ellos y cuándo las cosas están o no están bien. Por ejemplo, si los padres están separados, hay que trabajar para explicarles quién les recogerá después del colegio o qué autobús deben tomar para volver a casa. También existe un alto riesgo de descuido cuando se trata de situaciones sociales. Un niño Sagitario puede no darse cuenta de lo tarde que se ha hecho o de que sus amigos han pasado a otra cosa o a otra actividad.

Requieren entretenimiento constante

Un elemento de lucha común para los niños Sagitario es que necesitan entretenimiento y estimulación constantes hasta que aprenden a participar en el juego imaginativo, aproximadamente entre los cuatro y los seis años. Necesitan que alguien les enseñe a jugar con ciertos juguetes y a relacionarse con otros niños. Aunque los niños Sagitario hacen amigos rápidamente, desean que alguien les enseñe a participar en ese juego a una edad temprana.

A los niños Sagitario les encanta explorar el mundo y estarán encantados de traerle una montaña de piedras, palos o bellotas que recogen o convierten en proyectos. Prefieren hacer estas cosas con alguien, no quieren que se le mande al patio solo, y el padre será rápidamente notificado sobre su opinión en esa situación.

Entretener a los jóvenes Sagitario en un espacio público plantea algunos problemas. A los nativos de Sagitario les encanta el ajetreo, pero llevar a un niño Sagitario a una tienda de comestibles o a un viaje de compras puede parecer una labor porque quieren meterse en todo. Desde sacar cosas de los estantes hasta cargar el carro con artículos al azar, encontrarán formas de entretenerse si el adulto en la situación no les proporciona una salida.

Ahora bien, si tiene un niño así, puede hacer este juego. Recuerde que a los sagitarianos les encanta la idea de la responsabilidad incluso a una edad temprana, y entienden que ayuda a fomentar su independencia en años posteriores. Incluso cuando son niños pequeños, pueden ayudar a escoger artículos de la estantería y colocarlos obedientemente en el carrito. Asegúrese de que, si le lleva a hacer un recado, le asigne una tarea y le haga sentir que es una parte importante de la misma.

Comprendiendo su infancia

Este no es un problema inherente a Sagitario. Muchas personas se esfuerzan por comprender su infancia y el lente que forjó su visión del mundo. Como este signo, puede sentirse atraído por esta problemática debido a su conexión con el planeta de la mente superior y su profunda curiosidad.

Quizás el primer paso sea revisar las acciones de sus padres con un poco de compasión. Los nativos de Sagitario se apresuran a evaluar a las personas con dureza y a emitir juicios que mantienen durante mucho tiempo. Como adulto, puede considerar que sus padres se encontraban en una situación muy diferente a la que usted entendía cuando era adolescente o niño. Incluso con solo leer este capítulo, podría notar ciertos patrones con los que sus cuidadores tuvieron que luchar mientras usted desarrollaba su independencia y su personalidad.

Los niños con mucha energía a menudo informan de que no sentían que tuvieran suficiente atención o compromiso cuando eran pequeños. Ahora bien, si el padre de la foto también trabajaba a tiempo completo, es probable que el niño Sagitario pasara más tiempo en la escuela o con niñeras. Como adulto, puede comprender mucho más la situación que rodea a su infancia, pero eso no explica sus sentimientos.

Como signo de fuego, tiene tendencia a ser más lógico en su forma de ver el mundo, incluso con esas gafas color de rosa de Sagitario que le dan ese encuadre optimista. Este sería el momento de evaluar su infancia de forma analítica y ver qué aspectos positivos puede extraer de la experiencia. Muchos nativos de Sagitario no sienten una conexión profunda con su familia, aunque tengan lealtad hacia ella. Permítase considerar los factores que rodean su infancia y explore lo que puede haber sucedido y que estaba fuera de su alcance.

Lo que necesita un niño Sagitario

Un niño Sagitario exige mucho. Necesitan una gran cantidad de atención, salidas creativas, compromiso y energía; pero cuando un padre puede ofrecer esto, es una experiencia excepcional. Estos son los niños que harán preguntas que le harán sonreír y, en general, harán observaciones que parecen salir de la mente de un adulto.

Están preparados y contentos de aprender sobre el mundo que les rodea, y ya tienen una visión optimista de la vida. Incluso a edades tempranas del niño, suelen pensar en el marco del mejor escenario posible.

Los padres de un niño de este signo no deben esperar que el niño permanezca sentado durante largos periodos de tiempo ni que se someta a confinamiento en corralitos. Al principio puede parecer que el niño Sagitario es impaciente y tiene mucha energía; cuando el adulto trata de involucrarlo y agota esa energía, puede ceder y establecer rutinas si entiende que sus necesidades se satisfacen a través de esas rutinas.

Capítulo 7: Sagitario, "El mejor amigo"

El noveno signo del zodiaco combina rasgos de personalidad que lo preparan para ocupar el puesto de mejor amigo en el círculo de casi cualquier persona. Son extraordinariamente abiertos de mente y tienden a rodearse de individuos diversos. Por lo general, aportarán una colección ecléctica de conocidos que podrían prosperar juntos, dependiendo de sus signos y aspectos de su personalidad. Buscan la mayor variedad de personas posible, y es fácil pensar que podrían tener una especie de lista de control para mantener a sus amigos.

Los sagitarianos siempre están al acecho de la posibilidad de conocer nuevos individuos. No es solo que sean extrovertidos. Están realmente interesados en conocer diversas experiencias vitales. Buscan la oportunidad de conocer otras formas de vivir y evaluar las relaciones y los elementos de la personalidad. Un sagitariano rara vez dejará pasar la excusa para conversar sinceramente con alguien sobre sus opiniones, puntos de vista o experiencias. Los nativos de Sagitario hacen amigos con extraordinaria rapidez, y a menudo la otra persona siente que ha hecho un amigo para toda la vida, pero eso lo deciden ellos.

Aunque los sagitarianos hacen amigos rápidamente, suelen tener un pequeño círculo de personas que consideran cercanas. Dentro de ese círculo, son la forma más auténtica de su "yo" y es cuando están con sus amigos cuando son más felices. Si es el amigo íntimo de confianza de un sagitariano, entonces tiene algo verdaderamente especial, y debe asegurarse de alimentar o reforzar esa amistad con frecuencia.

Los amigos de los sagitarianos y los propios sagitarianos tienen dificultades para mantener relaciones. Aunque siempre son accesibles, les cuesta sentirse atrapados o demasiado comprometidos. Puede parecer que han hecho un nuevo mejor amigo solo para dejarlo o pasar a otra persona unas semanas o meses después.

Como resumen de Sagitario como amigo, son abiertos, sinceros, cariñosos y leales. Muestran un genuino interés por el drama de sus amigos y por todo lo que tienen que decir, lo que hace que casi todos los demás signos se sientan bien consigo mismos. Los signos de fuego tienen sobre todo una profunda conexión con el carácter y el ser. Como último signo de fuego, a los sagitarianos les encanta ayudar a los demás a aumentar su ego, al tiempo que ellos mismos reciben una pequeña oleada de ego.

¿Quién es Sagitario como amigo?

Un Sagitario es el mejor de los amigos, es el alma de la fiesta y es el que siempre quiere divertirse. Para dar algunas referencias de la cultura pop, Aang de Avatar: El último maestro del aire, Gina de Brooklyn Nine-Nine y Penny de The Big Bang Theory son todos sagitarianos y amigos feroces. El otro elemento de esta amistad que se puede ver fácilmente en estos ejemplos es cómo son todos ellos sin disculparse entre sí. Ese es un rasgo de la amistad que los hace tan buenas personas y que atrae a los demás tan estrechamente.

Los sagitarianos rara vez se pondrán una máscara para nadie. No necesitan impresionar a la sociedad ni a nadie individualmente, pero no se trata de un asunto de *"hago lo que quiero para confrontar a los demás"*. Realmente no creen que lo que los demás piensen sea importante. Júpiter gobierna este signo, y a través de las muchas historias mitológicas de Júpiter o Zeus, no tienen a nadie a quien impresionar. Son el dios de los dioses y el vencedor de los dioses. Esto se vincula con la relación porque esta autenticidad en bruto es algo que casi todas las demás personas en existencia envidian o desean alcanzar. Muchas personas viven detrás de máscaras o hacen cosas para apaciguar a los demás, y cuando ven que los sagitarianos ni siquiera consideran eso como una opción, quieren ser parte de ello. Quieren experimentar ese amor a sí mismos y a la vida en bruto como lo hacen los Sagitarios; es a través de la amistad que sucede.

Ahora bien, a los Sagitarios les encanta una buena fiesta, y eso no coincide con todo el mundo. Para un número suficiente de personas, es un éxito, y un Sagitario no siempre está buscando el tipo de fiesta en la que la casa se mueve, o en la que salta de una fiesta a otra o se llama a la policía por ser demasiado ruidosa. A veces son realmente felices en una pequeña fiesta o en una parrillada en el patio trasero. Aportan a cada reunión, por grande o pequeña que sea, su cruda e incontenible personalidad y energía.

Como amigo, puede contar con este signo para conectar a la gente y con la gente. ¿Pasará mucho tiempo a solas con ellos? Probablemente no. Los de este signo son unos de los más extrovertidos que puedes conocer, y a diferencia de otros signos ardientes y fogosos como los Leo, quieren poco tiempo a solas para recargarse. A diferencia de Aries, no se vuelven demasiado agresivos y necesitan perder el tiempo para recomponer las piezas de cada relación cada dos semanas. Ahora bien, un Sagitario puede tener un mal día o una racha en la que sea demasiado brusco, demasiado comunicativo con sus opiniones y demasiado "metido en los asuntos de todo el mundo", pero eso suele ser culpa de un movimiento planetario más que de su personalidad principal.

Quieren estar cerca de la gente, y no se sienten mal por decir lo que hay que decir, pero cuando se les va la mano, lo que ocurre más a menudo cuando mercurio está retrógrado o en su casa, saben que tienen que arreglar las cosas con ciertos personajes.

Como amigo de un Sagitario, alguien podría experimentar una de estas situaciones:

- Amigos impecables con algún que otro desacuerdo de opiniones.
- Amistad ininterrumpida con algunas grandes peleas al año cuando los planetas causan problemas.
- Amistad sólida sin peleas, pero sabe que no es su "mejor" amigo.
- Amistad cercana que a menudo se siente como si corriera el riesgo de perder su amistad y que finalmente se aferra demasiado y aleja al Sagitario.

El patrón es que el Sagitario suele arreglar sus conflictos o superar los desacuerdos solo con sus amigos más cercanos. Supongamos que uno de sus conocidos tiene un desacuerdo. Ahí, el Sagitario no suele ver como una inversión recuperar la amistad si la otra persona no quiere trabajar por ella. Esencialmente, saben lo que aportan y lo buenos amigos que son, así que esperan que la gente también se esfuerce.

Por otra parte, los sagitarianos tienen un gran sentido del humor y siempre están dispuestos a reírse. El famoso comediante y sagitariano Richard Pryor es una prueba absoluta, pero otros comediantes son Tiffany Haddish, Patrice O'Neal y Ron White. Consiguen que la gente se ría sin pretenderlo, y a menudo incitan a otros individuos a explorar sus talentos con el humor también. Suelen tener ese perfecto sentido del tiempo para bromear, aunque no lo entiendan cuando pasa a la conversación habitual, pero abordan todas las cosas de la vida pensando en la diversión y la comedia.

Gran parte de su comedia es para sus amigos. Los sagitarianos quieren hacer reír a sus compañeros y quieren que la gente se lo pase bien a su alrededor. Serán extravagantes y dirán las cosas que todo el mundo piensa, pero no quiere decir. Es ese enfoque de la comedia y el humor lo que hace que muchas personas quieran ser amigos de un Sagitario.

A veces, un amigo Sagitario puede parecer un poco abrumador o prepotente. Los sagitarianos quieren solucionarlo todo, y a veces hacen bromas en situaciones inapropiadas cuando claramente no es el momento. Lo hacen porque, en su mente, es una forma de solucionar la situación, de hacerla menos triste o menos frustrante. Los nativos de Sagitario tampoco entienden que no necesitan arreglar todos los problemas de sus aliados.

A menudo, una persona puede necesitar solo que el Sagitario escuche. Podrían tomar nota aquí y dedicar más tiempo a escuchar a sus amigos en lugar de saltar directamente a la acción. Mientras tanto, sus compañeros podrían ser un poco más directos cuando no necesiten ayuda, sino solo un oído atento.

Compatibilidad de amistad con Sagitario

Como todos los demás signos, en lo que respecta a la compatibilidad, son ampliamente compatibles y se llevan bien con muchos más individuos que otros signos. Aquí está una guía completa de las relaciones de un Sagitario con otros tipos.

Aries

Los signos de fuego arden juntos, y aunque no sean amigos para toda la vida, pueden pasar un buen rato de fiesta. Estos dos coincidirán en términos de energía y amor por la diversión. Un Sagitario y un Aries conectarán cuando se aventuren y pasen de todo con poca planificación y cero atenciones a lo que sucede en el mundo.

Son excelentes amigos, pero pueden pasar largos periodos de tiempo sin verse. El único problema es que el Aries puede no disfrutar del eclipse de poder que ocurre con estos dos.

Tauro

Tauro y Sagitario no suelen ser una buena mezcla. Tierra quemada es la mejor manera de describir lo que ocurre cuando este signo de tierra y el de fuego se juntan. El Tauro prospera en la familiaridad y las posesiones materiales. Mientras que el Sagitario ve los objetos materiales como una cadena a un espacio concreto, es un ancla, y eso lo odia. Y el Tauro es excepcionalmente terco, y eso se mete en la piel del Sagitario. En general, la compatibilidad es muy baja.

Géminis

El signo Géminis es astrológicamente opuesto a Sagitario, y en un verdadero momento de atracción de los opuestos, les va bastante bien juntos. Un Géminis complementará los rasgos de un Sagitario. Ambos buscan lo que el otro tiene. El géminis quiere la franqueza y el humor del sagitariano, mientras que el sagitariano quiere el dominio de las habilidades y la concentración del géminis.

Cáncer

Los Cáncer son un torbellino de emociones y compasión, que es todo lo que no es el Sagitario. Los sagitarianos no son lentos. Tienen poca conexión con la luna y no soportan a las personas sensibles. Eso es todo lo que encarna un canceriano. Hay esperanza para esta combinación. Cáncer podría ser ese único mejor amigo que tiene un sagitariano para sus necesidades emocionales y porque los sagitarianos pueden ayudar a menudo a este signo.

Ambos signos aman la comida y prefieren la serenidad del aire libre. Cuando estos dos se reúnen, pueden hablar de las cosas profundas de la vida, como la naturaleza humana, la religión y los conceptos que van más allá del plano físico.

Si tiene un amigo Cáncer, sepa que un canceriano necesita espacio del mismo modo que usted. Ser demasiado necesitado suele acarrear problemas, ya que un Cáncer quiere tiempo a solas del mismo modo que usted quiere libertad.

Leo

Para describir a esta poderosa pareja, solo tenemos que fijarnos en algunas de las parejas más infames de la ficción o de la vida real. Piense en Thelma y Louis, o en Bonnie y Clyde, y eso describiría con exactitud a estos dos juntos. Están llenos de energía, tienen ganas de fiesta, son extrovertidos y son grandes amigos. Podrían ser mejores amigos si el Leo del grupo puede evitar volverse posesivo. Los Leo quieren tener a sus amigos cerca todo el tiempo, y para un Sagitario, eso podría ser demasiado tiempo de calidad.

Virgo

Un Virgo es un planificador cauteloso, quieren saber exactamente lo que está pasando, y un Sagitario simplemente no puede entregar eso. Pero un Virgo es uno de los pocos que puede apreciar la opinión sin filtro y la visión que un Sagitario proporciona. Son igualmente honestos y comunicativos y entienden que se trata de honestidad, no de abrasividad.

Libra

Los Libra son confiables y no se apresuran a sacar conclusiones. Hay un acuerdo mutuo en esta amistad para que puedan ser buenos amigos durante mucho tiempo a través de la honestidad. ¿Es este su mejor amigo? En realidad, no. Los Libra son notoriamente de baja energía. No quieren ir a aventuras locas, ni salir de fiesta todo el tiempo. Y podría haber problemas con la tendencia de Libras a la vergüenza.

Escorpio

Mientras que los Sagitarianos siempre ven lo bueno de la vida y las posibilidades de lo que podría venir, los Escorpio son todo lo contrario. Usted es Piglet, y ellos son Ígor. Entonces, ¿Pueden llevarse bien el uno con el otro? En muchos aspectos, sí. Los dos son propensos a las peleas, pero también disfrutan demostrando que la otra persona está equivocada, por lo que podría ser una pasión compartida. El hecho de irritar a los demás y al otro podría provocar peleas monstruosas en las que uno acabará entrando en razón, y entonces podrán volver a empezar.

Sagitario

¡Aún mejor juntos! Las parejas de Sagitario se empujarán mutuamente para mejorar, ir más lejos y aventurarse más. Dos nativos de Sagitario juntos son imparables.

Capricornio

Los Capricornio se sienten cómodos teniendo sus posesiones cerca, y que se ciñen a métodos probados. A los sagitarianos les encanta lo novedoso y lo nuevo, por lo que no se mezclan bien con los capricornianos, aunque pueden apoyarse en un capricorniano para obtener una visión útil sobre cómo aprovechar al máximo sus puntos fuertes. Los capricornianos son buenos consejeros para los sagitarianos, aunque el nativo de Sagitario no siempre quiera escuchar lo que tienen que decir.

Acuario

Un signo de fuego y un signo de aire pueden formar un tornado de fuego, y esta mezcla es un gran partido. Como amigos, suelen ser aventureros juntos, y los Acuario suelen presentar la planificación y la gestión que les falta a los sagitarianos. Pueden elaborar planes de viaje y asegurarse de que ambos tienen los documentos y el presupuesto adecuados para disfrutar de su viaje. Estos dos se empujarán mutuamente a explorar, y el sagitariano ayudará al acuariano a olvidar los juicios de los demás.

Piscis

Un verdadero signo de agua al que le gusta apagar la llama, Piscis no puede soportar la honestidad del nivel de Sagitario, y no quiere saber nada de aventuras locas. Se van de fiesta y tienen profundos lazos espirituales, que es donde estos dos pueden conectar. Es probable que se trate de una armonía pasajera y no de un romance para toda la vida.

Cuando los amigos se pelean

Los sagitarianos hacen buenos amigos, incluso los mejores compañeros, y es común que tengan muchas personas felices de lanzarse a la amistad rápidamente, pero siempre existe la posibilidad de una pelea. A los sagitarianos les encanta demostrar que la gente está equivocada, y ni siquiera es que les guste tener "razón". Les encanta la emoción de intentar demostrar a alguien que está equivocado. Se pelean a menudo, y a veces es porque han llevado una broma demasiado lejos.

Ser un amigo como Sagitario

• Comprender que los demás no son tan abiertos con la comunicación, tanto para recibir como para dar.

• Saber que necesita una colección diversa de amigos para asegurarse de que no está alienando a unos pocos o abrumando a otros.

Ser amigo de un Sagitario

• Tome la honestidad contundente como un acto de amor, ellos lo aman y quieren que usted tenga éxito o prospere, y creen que están ayudando.

• Tómese un descanso cuando no pueda seguir el ritmo. Solo causará problemas.

• Absorba las pequeñas cosas que hacen los sagitarianos, como su generosidad u optimismo.

Pero cuando un Sagitario se pelea con alguien a quien quiere, se apresura a hacer las paces y a resolver el problema. Los signos de fuego trabajan con optimismo y suelen ser los que se esfuerzan por arreglar algo, aunque no crean necesariamente que se hayan equivocado. Un signo de fuego puede reconocer que fue demasiado agresivo o que se pasó de la raya. Para ellos, un gran amigo siempre merece un poco de humildad o una disculpa.

Por último, no se tome sus bromas demasiado en serio, y dele espacio para apoyar su libertad. Perderá a un Sagitario como amigo de dos maneras. Podría ser demasiado pegajoso o dependiente, o podría ser demasiado sensible. Si encuentra sus bromas ofensivas, entonces podría no ser un buen partido porque el Sagitario no se verá empujado a dejar de hacer lo que les resulta tan natural. Los sagitarianos siempre serán su verdadero yo, así que no harán mucho por adaptarse a las necesidades de sus amigos.

Capítulo 8: Sagitario en el amor

Un Sagitario es notorio en el amor, tal vez por todas las razones equivocadas. No es lo que parece en la superficie. Echemos un rápido vistazo a cómo es una relación con un Sagitario desde el exterior y para la otra persona involucrada en la relación.

El comienzo de la relación es un torbellino. Es posible que la otra persona ni siquiera se haya dado cuenta de lo rápido y lo fuerte que se ha enamorado, o al menos se ha entusiasmado. La energía de los sagitarianos puede absorber a casi todo el mundo, y hacen que la gente se sienta especial. ¿A quién no le gusta eso? Luego, las cosas se ralentizan porque el otro individuo necesita un descanso, y parece que esto es el asentamiento del agua. Parece que se han acabado los rápidos y se ha pasado a la parte suave y tranquila del río. Y entonces ocurre, se distancian y rompen con la persona. ¿Qué ha pasado? Desde fuera, nadie lo sabe. Parece que los nativos de Sagitario son malos en las relaciones románticas porque son grandes amigos, así que solo sus amantes sufren este terrible destino.

Desde el interior de esa relación, es una experiencia drásticamente diferente. Si más personas dedicaran tiempo a observar al Sagitario enamorado en lugar del alma afortunada de la que se han enamorado, verían en una persona agresiva, divertida y segura de sí misma al principio de la relación, pero una vez que esa fase de luna de miel se desvanece y el desafío desaparece, el Sagitario empieza a ver todas las demás cualidades de su pareja. Empieza a ver qué tal vez no saca lo mejor de ese otro, y que tal vez esa persona no es extrovertida, sino que es un poco reservada. Es entonces cuando el Sagitario se distancia, y eventualmente, se va.

Cuando un Sagitario está en una relación o está coqueteando con alguien y se prepara para entrar en una unión amorosa, hace que su entusiasmo por la vida sea contagioso. Es casi imposible evitar la sensación de amar la vida y la aventura cuando un Sagitario se enamora de usted. Los sagitarianos también disfrutan mimando a sus parejas, y lo hacen con grandes gestos y mucha generosidad. Como la mayoría de los signos de fuego, los sagitarianos aman la pasión, pero no se quedarán en una relación en la que cualquiera de los dos deba comprometer alguna parte de sí mismo.

Es esa falta de voluntad para negociar lo que hace que los sagitarianos parezcan tan huidizos. Son los que se aferran a esa pareja absolutamente perfecta, y no les importa esperar hasta bien entrada la edad para encontrarla. Si una pareja empieza a presionarlos para que tengan una aventura o para que lleven su relación al siguiente nivel, casi siempre es el fin de esa parte de su vida.

Compatibilidad de Sagitario en el romance

Como es lógico, los sagitarianos son muy compatibles con muchos signos durante cortos periodos de tiempo. Pero se vinculan con signos clave durante largos momentos de tiempo, y eso es lo que un Sagitario debe buscar en una pareja.

Aries

Estas relaciones son de fuego, y estos dos se divertirán mucho pasando semanas o meses haciéndose los duros el uno para el otro. Ninguno de los dos se toma nada como algo personal, y ambos necesitan mucha independencia. Aries y Sagitario son bastante compatibles si Aries puede controlar sus celos, y Sagitario no pide demasiado a su pareja.

Tauro

Estos dos son grandes compañeros de aventuras, pero nada más allá de eso. Venus y Júpiter se alinean felizmente en términos sexuales, pero fuera de eso, este signo de tierra deletrea el desastre para Sagitario. Mientras que a Tauro le suele preocupar lo que piensen los demás, a Sagitario no le importa. Estos dos se criticarán mutuamente con rapidez en una relación.

Géminis

Una relación entre un Sagitario y Géminis es todo acerca de la conexión mental. Estos dos signos tienen profundas raíces en la afiliación espiritual y el pensamiento superior, y es donde encuentran la alegría juntos. Esta es una de las pocas relaciones en las que un nativo de Sagitario podría pasar más tiempo conversando con su pareja en lugar de divertirse con un grupo de personas.

Cáncer

El problema entre Cáncer y Sagitario es que el Cáncer tendría que soltar mucho cuando se trata de necesidades y expectativas emocionales. Un Sagitario no pediría eso a su pareja, por lo que estos dos raras veces funcionan muy bien. Básicamente, los cancerianos buscan ambientes de apoyo y cuidado, y crean rutinas que establecen seguridad. Esto saca de quicio a un nativo de Sagitario.

Leo

Estos dos signos de fuego realmente pueden ayudarse mutuamente a utilizar todos sus puntos fuertes y superar los desafíos comunes a ambos signos. Ambos son extrovertidos, les encanta entretener y organizar fiestas, y ambos disfrutan haciendo cosas nuevas. Por supuesto, los Leo tienden a tener un lado perezoso, pero su necesidad de tiempo a solas a menudo significa que no les importa cuando el Sagitario sale y se divierte sin ellos.

Para los sagitarianos, Leo es la pareja casi perfecta. Si se encuentran pueden disfrutar de una relación a largo plazo en la que ninguno de los dos tiene expectativas excepcionalmente altas del otro, y ninguno de los dos quiere que la otra persona cambie. Es todo lo que un Sagitario busca en una relación.

Virgo

Los Virgo pueden igualar el rápido ingenio de un Sagitario, y tienen un poco de humor por lo que pueden jugar y disfrutar de las bromas juntos. La diferencia es que los Virgo son más objetivos y analíticos, y puede que no cedan a todas las grandes ideas de los sagitarianos o a la ruptura de conceptos profundos. De lo contrario, las grandes conversaciones pueden convertirse rápidamente en una pelea total porque el Virgo está preguntando "dónde están las pruebas" y el Sagitario está jugando al juego de "qué pasaría si".

Muchas personas descartan la capacidad de Sagitario y Virgo para congeniar a largo plazo, concretamente porque muchos observan que los Virgo son reservados y tienden a ser tranquilos. El problema es que por lo general se muestran tranquilos y serenos en situaciones nuevas.

Libra

Hay algunos problemas clave en las relaciones entre libras y sagitarianos. El primero es el problema de la apariencia. Los Sagitarios no prestan atención a lo que otros individuos piensan de ellos, y a menudo harán lo que les plazca. El libra se preocupa mucho por lo que otros individuos piensan de ellos y se preocupa por su apariencia, y por cómo manejarse en situaciones públicas. Es posible que se sientan fácilmente avergonzados por su pareja sagitariana, por mucho que la quieran y disfruten de su compañía.

La segunda cuestión es el dinero. Salir con un Libra puede ser rápidamente costoso, y los sagitarianos no tienen mucha relación con las posesiones materiales. Pueden ver los hábitos de compra y los hábitos de gasto del Libra como frívolos y que se están perdiendo las cosas más finas de la vida experimentadas por los bienes materiales.

Escorpio

Existe una profunda conexión sexual, pero la novedad se desvanece durante los primeros meses. Esta es una situación clásica para los sagitarianos. Los escorpianos son misteriosos y estimulantes y quieren mantener conversaciones profundas, pero no tienen la energía ni la naturaleza extrovertida de los sagitarianos. El Escorpio es absorbido por el vórtice de vitalidad y optimismo del Sagitario, y luego, eventualmente, el Sagitario ve que el Escorpio es esencialmente lo opuesto a ellos. No quieren que el Escorpio se comprometa, y no están dispuestos a negociar, por lo que la relación termina.

Sagitario

Un Sagitario saliendo con un Sagitario podría ser el comienzo de una buena broma. Los dos son un poco huidizos, a ninguno de los dos se le da bien el compromiso, a ninguno le importa mucho el dinero y ninguno es muy práctico. Parece una receta para el desastre, pero un elemento subyacente podría cambiar los estados de la relación entre Sagitario y Sagitario: los signos lunares.

Los sagitarianos no conectan profundamente con sus signos lunares, ya que no son personas muy emocionales, pero las relaciones son siempre impulsadas por las emociones, y cuando un Sagitario y un Sagitario se juntan, sus signos lunares se vuelven más prominentes para determinar la compatibilidad.

Capricornio

Los capricornianos y Sagitario son la muestra perfecta de cómo los opuestos se atraen. Los capricornianos son cuidadosos, planifican, analizan y miran de cerca el riesgo. Los sagitarianos corren de cabeza hacia el riesgo, y no se preocupan por analizar o planificar o ser cuidadosos. Pero estas dos facetas están profundamente arraigadas en el aprendizaje y la experimentación de nuevos puntos de vista a través de la experiencia humana. Les encanta aprender el uno del otro, y les encanta ver cómo el otro es a menudo inamovible en lo que necesita de la relación.

Esta es quizás la mayor compatibilidad que puede tener un Sagitario, a excepción de Leo, y es porque los capricornianos son confiables, ambiciosos y comprometidos. Ellos devuelven la lealtad, la responsabilidad y la honestidad que proporcionan los sagitarianos. Una pareja famosa de Sagitario-Capricornio es Chrissy Teigen y John Legend.

Acuario

Acuario es tan intenso como usted lo sea, son igual de independientes y aventureros, pero les apasionan cosas diferentes. La mayoría de los acuarianos están profundamente arraigados a la familia, y no están dispuestos a ceder en cuanto a la gestión de su vida en torno a lo que quieren llevar a cabo. Una relación entre un Acuario y un Sagitario podría resultar a menudo en una situación de "encuentro ocasional".

Piscis

Son filósofos, lo que puede dar lugar a conversaciones interesantes, pero estos dos no congenian porque los sagitarianos son extremadamente seguros de sí mismos, y los piscis son todo lo contrario. Necesitan seguridad, comodidad y apoyo. Un sagitariano no les proporcionará eso durante mucho tiempo.

No malinterprete las señales de compromiso

A los sagitarianos les encanta precipitarse en las cosas, pero son lentos para comprometerse. A veces son famosos por su lentitud al ser solteros o solteras de toda la vida. Esperan la mejor opción. Son el niño de la tienda de caramelos que podría tener cualquier caramelo, pero quieren ese que va a dar en el clavo y les va a dejar satisfechos durante mucho tiempo.

También necesitan a alguien que encaje en su grupo de amigos y que no se sienta alienado por estar rodeado de ellos a menudo. Muchos signos asocian las parejas románticas con la intimidad, pero para un Sagitario la pareja solo debe ser un factor siempre presente en su vida. Si salen con amigos, sus parejas son más que bienvenidas. Si su pareja romántica no quiere pasar tiempo con sus amigos, entonces hay un problema porque nunca los van a ver.

Un poco inseguro y necesitado

Hay un problema que surge en una relación romántica que no aparece en ningún otro elemento de la vida de un Sagitario. La inseguridad. Los sagitarianos siempre son seguros de sí mismos, y no tienen ningún problema en lanzarse a situaciones desconocidas con valentía. Pero, después de un par de relaciones fallidas, es común que los sagitarianos se vuelvan un poco inseguros.

Después de un par de relaciones fallidas, es probable que el Sagitario comience a sentir pánico en cuanto sienta que la fase de luna de miel está terminando. Pensarán en si invirtieron demasiado de sí mismos y en la posibilidad de que la otra persona se haya aburrido de ellos.

Se preguntarán si deberían terminar la relación ahora para ahorrarse un disgusto más adelante. ¿Por qué no llaman, envían mensajes de texto o hacen cosas emocionantes como antes? Estas son las preguntas que invadirán la mente de un sagitariano cuando vea que la luna de miel ha terminado, y es hora de construir una vida juntos.

La única cura para esto es entender que sus relaciones pasadas no funcionaron porque usted se resistía a comprometerse, y no estaba dispuesto a dejar que otra persona se comprometiera por usted. Esa es una razón muy noble para dejar pasar las relaciones, y es mejor haberlas dejado pasar si eso significa encontrar ese gran amor de su vida más adelante.

Si siente que se está volviendo demasiado necesitado debido a esta inseguridad, comuníquelo a su pareja. Dígale que no sabe hacia dónde va la relación, pero que siente la necesidad de pasar más tiempo a su lado y que quiere mantener esa fase de luna de miel. La fase de luna de miel no puede durar siempre, pero sí puede trabajar con su pareja para mantener las cosas nuevas e interesantes.

Lo que necesitan los sagitarianos en una relación

Más que nada, un sagitariano necesita un compromiso basado en la confianza. No pueden tener a alguien que les pregunte con frecuencia a dónde van y qué están haciendo. No lo soportarán durante mucho tiempo y abandonarán la relación rápidamente; dicho esto, los sagitarianos no son necesariamente partidarios de las relaciones abiertas. Quieren vivir de forma independiente junto a otra persona. Necesitan sacar lo mejor de esa otra persona al mismo tiempo que son la mejor versión de sí mismos, y es difícil encontrar eso con una sola persona, así que ¿por qué iban a intentarlo con varias?

Un nativo de Sagitario también requerirá una comunicación clara y contundente a lo largo de toda su relación. Esto ayudará al nivel de independencia que necesitan, ya que ambas partes entenderán exactamente lo que el otro necesita. Por último, a la hora de comunicar el amor, los sagitarianos anhelan la comodidad física y los pequeños recordatorios. No necesitan grandes gestos, y rara vez buscan que el otro individuo se desvíe de su camino. Quieren el beso en la puerta antes de que alguien salga de casa y el bonito mensaje de texto a mitad del día solo para saber que la otra persona estaba pensando en ella.

Capítulo 9: Sagitario, el alma de la fiesta

Los sagitarianos saben que las actividades de gran energía, la espontaneidad y el entusiasmo por la vida son algo natural para ellos. Desde fuera, otros signos podrían ver a los nativos de Sagitario como simples animales de fiesta. Su gran intensidad y su personalidad exagerada los convierten en el centro de atención de la mayoría de las fiestas y son muy conocidos en muchos círculos festivos. Son las personas que sabrán dónde es la celebración y quién va a estar allí. El nivel de electricidad es difícil de igualar para cualquier otra persona, excepto en la escena de la fiesta. En estos eventos los nativos de Sagitario encuentran a sus iguales en términos de intensidad y presencia.

Los nacidos en Sagitario son los fiesteros por excelencia, los que quieren saltar sobre una mesa, montarse en el toro mecánico, iniciar el baile en una gran fiesta o desafiar al resto a entrar en el ambiente de la fiesta. En general, los demás signos tienen pocas posibilidades de frenar a un Sagitario. Son simplemente una fuerza demasiado grande. Son imparables, como el Arquero. Si quieren conseguir algo, sin duda lo harán.

Los nacidos bajo el signo de Sagitario saben que la fiesta saca la esencia de su alma, y necesitan que todos los demás funcionen a su nivel. Los sagitarianos suelen ser los primeros en proponer una fiesta o una reunión, aunque sea tranquila. Quieren que todo el mundo esté unido, y que vibre el conjunto de alta energía y buen humor que se reúne en una celebración.

Los sagitarianos prosperan en la escena de la "fiesta"

A los del signo Sagitario no solo les gustan las fiestas. Es donde prosperan. Si pudo trabajar durante sus primeros años como anfitrión o planificador de eventos o sirviendo copas en un bar, ésos podrían ser algunos de sus mejores recuerdos.

¿Qué deberían esperar otros signos de las escenas de fiesta de Sagitario? Piense en el Nueva York clandestino o en el Oeste de Hollywood. Ahora bien, los Sagitario no necesitan "encajar" en la escena para hacer acto de presencia. Si se enteran de que hay una fiesta, se dirigen a ella. Por ejemplo, a menudo pueden ir a una rave sin que les guste la Música de Danza Eléctrica.

Además de prosperar en la escena de la fiesta, tienen un extraño acercamiento a los bajos fondos de la escena. Sagitario es un buscador de emociones y un jugador por naturaleza, pero no es excepcionalmente propenso a las adicciones porque no le gusta sentirse dependiente de nada. Aunque un Sagitario puede probar o experimentar repetidamente con las drogas o la bebida en exceso, a menudo identificará cuándo debe frenar ese comportamiento.

A los nativos de Sagitario puede resultarles difícil comprender que más no es siempre más. Son propensos a engancharse en una variedad de comportamientos, por lo que es importante ser conscientes de ese desafío.

Por otra parte, si han caído en la adicción, su lealtad a las personas más cercanas a menudo les impulsará a corregir el comportamiento antes de que pase demasiado tiempo. Los sagitarianos y sus amigos o familiares deberían estar atentos a los primeros signos de adicción o de actividad peligrosa con la experimentación en el ambiente fiestero.

Siempre son los que salen, pero no esperan una rutina

Sin duda, Sagitario es el niño salvaje del grupo del zodiaco. Salen de fiesta con regularidad, pero no de forma rutinaria. Los Sagitarios odian la rutina en todos los aspectos de su vida y eso también ocurre con la fiesta. No irán a las mismas discotecas las mismas noches, ni tendrán la costumbre de hacer las mismas cosas repetidamente. En cambio, prefieren que todo su tiempo libre no esté programado para poder hacer lo que quieran.

Esto funciona excepcionalmente bien para sus amigos porque significa que siempre pueden contar con un buen momento, pero nunca saben lo que les espera. Los sagitarianos también son relajados, así que, si alguien quiere hacer algo específico, normalmente pueden seguir la corriente y aceptar los planes inesperados.

La rutina es una de las cosas que menos le gustan a Sagitario. Odian la rutina y la evitan a toda costa. En cuanto a las fiestas, son los que agitan las cosas y sacan a la gente de sus rutinas para asegurarse de que todos, incluidos ellos mismos, se diviertan.

A los sagitarianos tampoco les gusta la gente que cree que tiene que complacer a los demás, por lo que cualquier "persona de plástico" presente en el grupo será rápidamente expulsada o rechazada. Facilitan que todos se diviertan siempre que no juzguen a los demás.

Los sagitarianos traen la fiesta

Los sagitarianos hacen fiestas y "hacen" fiestas. No tienen problemas para manejar, organizar y ser anfitriones de una fiesta. Los sagitarianos suelen disfrutar planificando y siendo anfitriones. Están entre los mejores anfitriones del zodíaco, con los contendientes cercanos de Piscis y Leo, pero pueden hacer que el evento de otro sea un éxito. Son exploradores de nuevas experiencias y a menudo pueden idear nuevos juegos o temas de conversación sobre la marcha. Si entran en una fiesta que acaba de empezar o que aún no ha cobrado impulso, ¡seguro que alcanzará su máximo esplendor poco después de que aparezca un Sagitario!

También son los que animan a los demás a probar cosas nuevas. Los nativos de Sagitario conseguirán que la gente se suba a la pista de baile, que mantenga conversaciones profundas y atractivas, y que interactúe en juegos de fiesta que sean divertidos.

Desconfíe de las conversaciones filosóficas y políticas

Los nativos de Sagitario son excepcionalmente propensos a entrar en conversaciones profundas. Desgraciadamente, no son los conversadores más hábiles para este tipo de temas. Tienen opiniones fuertes y rara vez tienen en cuenta las opiniones de los demás. Las conversaciones políticas casi nunca van bien para los sagitarianos, lo cual es lamentable porque, aunque no escuchan bien durante estos intercambios, están genuinamente interesados en aprender.

Con este asunto, los sagitarianos pueden no darse cuenta de que están desvirtuando la conversación o volviéndose agresivos. Es decir, hasta que se encuentran en una discusión en toda regla en la que han perdido el control por completo de sí mismos y han acabado con el ambiente de la fiesta. Son un gran riesgo cuando están cerca de otras personas con opiniones políticas o filosóficas fuertes. Ahora bien, cuando no están en una fiesta, estas personas pueden llevarse muy bien y meterse de lleno en conversaciones que incomodan a muchas otras personas, pero estos temas no son para todo tipo de eventos. Muchas personas solo quieren pasar un buen rato y descansar de las conversaciones profundas o políticas. Pero su forma brusca y abrasiva de llevar las conversaciones suele significar que estas conversaciones acabarán con el ambiente.

Cómo ayudar a un Sagitario con una fiesta

Debido a que los sagitarianos son tan buenos para las celebraciones, es común que planifiquen algo, o que alguien les pida que planifiquen su evento. Muchos signos que ven su destreza para esto querrán lanzarse y apoyar, pero ¿cómo puede ayudar sin disminuir el encanto sagitariano que hace que esta fiesta sea tan genial?

La mejor manera de ayudar a un Sagitario con una fiesta es preguntar directamente. Diga: "¿Qué puedo hacer para ayudar en la planificación de la fiesta?". Como Sagitario es tan directo con su comunicación, puede estar seguro de obtener una respuesta directa. Debe comunicarse tan directamente como el Sagitario, desde la comida hasta la lista de invitados. Es posible que quieran actualizaciones o comprobar si necesita ayuda. Esto no se debe a que no confíen en usted, sino a que tienen tanta energía que probablemente hayan planeado hacerlo todo ellos mismos y se sorprenden de que las cosas se muevan tan rápido.

Otra forma de ayudar es mostrar su apoyo. Nunca ha habido un signo de fuego que no se haya empapado del cumplido ocasional. A los sagitarianos no les importa lo que piensen los demás, pero sí reconocen cuando otras personas les aprecian.

Un cumplido genuino puede ayudar a que el Sagitario se recupere de cualquier resentimiento que pueda haber ocurrido en el proceso de planificación. Muchos elementos de la planificación de una fiesta seguramente saldrán mal. Por ejemplo, si estaban planeando una reunión y le dijeron a todo el mundo que era una comida a domicilio, es seguro que alguien no traerá algo, o dos personas traerán platos muy competitivos. El sagitariano, en este ejemplo, podría sentir que no es tan difícil seguir las instrucciones. Podrían sentir que sus invitados deberían ser capaces de seguir las sencillas indicaciones de traer un plato, o incluso acalorarse un poco al respecto. Un cumplido de un amigo puede curar esa herida y hacer desaparecer las ganas de arremeter. Cuando se sienten agraviados, no se detendrán ante nada para actuar o vengarse de ellos. Pero como amigo íntimo, tiene el poder de hacerles bajar los humos, para que vuelvan a estar de fiesta y pasen de los sentimientos heridos.

¿Cuándo deben los sagitarianos evitar una fiesta?

A veces, un Sagitario debería evitar la fiesta por completo, pero ¿cuándo es eso? Un Virgo, un Acuario y un Tauro organizan una fiesta y el Sagitario se queda en casa. Deberían considerar quién estará en la celebración antes de ir. Si saben que habrá alguien a quien no soportan, deberían quedarse fuera. No deberían tratar de forzar la diversión, y en medio de una fiesta no es el momento de hacer las paces o resolver por qué no se llevan bien.

Los sagitarianos también deberían evitar las fiestas en las que participan principalmente personas introvertidas o caseras. Si a estas personas no les gusta salir y lo evitan activamente, no se divertirán mucho. Esa fiesta se cerrará pronto, y puede que se quede con una noche sin planes, y que sea demasiado tarde para ir a la aventura.

Los sagitarianos no tienen por qué estar en todas las celebraciones, aunque quieran hacerlo. Si tienen problemas de adicción, es posible que necesiten separarse de la escena, y encontrar otra salida para estar rodeados de gente de buen humor sin mucha oportunidad de presencia de sustancias o alcohol.

La cuestión es que los nativos de Sagitario no necesitan sustancias o alcohol para pasarlo bien. Lo hacen por sí mismos, pero pueden caer en estos hábitos, y puede ser una lucha difícil de afrontar.

Puntos clave de la fiesta de Sagitario

En general, los sagitarianos salen de fiesta a menudo y fiestean con ganas. Se ponen a cien, bailan toda la noche, y su energía realmente da un impulso positivo a todos los que les rodean, pero deben tener cuidado con la posibilidad de apegarse demasiado al estilo de vida de la fiesta porque puede poner un freno a otras áreas de la vida.

También existe el riesgo de que estas personas abrasivas y contundentes agrien las conversaciones en una fiesta. Ocurre de vez en cuando y, por lo general, no se puede salvar el evento después. Simplemente se sentirán como si hubieran metido la pata, y entonces podrían sentirse mal durante el resto de la fiesta. Y podrían tener el impulso de demostrar que los otros asistentes están equivocados y atacar descaradamente a la otra persona con su intelecto y sus opiniones, lo cual es injusto en el mejor de los casos. Otros signos simplemente no están preparados para esa batalla, pero un Sagitario siempre está dispuesto a dominar una conversación sobre política o filosofía.

Los sagitarianos deben salir a menudo por su salud mental. Necesitan estar rodeados de mucha gente de buen humor donde puedan expulsar su energía. Al hacerlo, se sentirán más en línea con la versión más cruda de sí mismos. Los nativos de Sagitario estarán mejor cuando estén rodeados de muchos amigos.

Capítulo 10: Trayectorias profesionales de los sagitarios

El Centauro tiene innumerables trayectorias profesionales que podrían convenirle, pero ¿cuál es realmente la correcta? Necesita la oportunidad de pensar libremente, mejorar constantemente y buscar cambios gratificantes. Pero ¿qué carrera puede ofrecer eso? ¿Dónde puede viajar, vivir aventuras y explorar la necesidad de aprender y sumergirse en los elementos mentales superiores?

Su signo es el del viajero que aspira a grandes metas y a menudo lo consigue. Quedarse quieto es posiblemente su mayor reto en el trabajo. Muchos sagitarianos se sienten cómodos siendo emprendedores e incluso pueden abrir negocios con el plan expreso de venderlos para obtener beneficios dentro de unos años para no atarse. Como visionario, a menudo es el que aporta soluciones a problemas que parecen un callejón sin salida y las ideas para nuevos productos o servicios que realmente satisfacen las necesidades de los clientes.

Sagitario tiene una asociación distintiva con la carrera y el dinero. En general, no tienen mucha facilidad para ello; por lo general, les atraen las carreras que implican planes a largo plazo y la cooperación con otras personas. Los sagitarianos son excelentes amigos, pero aún está por verse si son grandes compañeros de trabajo o empleados.

Sagitario con la carrera y el dinero

Los nativos de Sagitario tienen factores clave dentro de su personalidad básica que influyen directamente en su trayectoria profesional y en su relación con el dinero. El factor más significativo es su incapacidad para concentrarse en un solo interés. Una vez más, estos factores se relacionan con Júpiter, el planeta regente, y con los lazos que le unen a la hora de aprender todo lo que puedan. Muchos sagitarianos sienten que tienen un tiempo muy limitado para aprender todos los secretos del universo. Debido a ese sentimiento, elegirán aficiones a diestra y siniestra, y sus intereses aumentarán rápidamente. Es importante que un Sagitario aprenda a enfocarse en dos o tres intereses primarios que puedan vincularse con muchos pasatiempos más pequeños. Por ejemplo, a la mayoría de los Sagitario les gusta viajar, y pueden hacerlo a través de una carrera que implique viajes frecuentes. Pueden disfrutar de la comida local y conocer las costumbres locales durante sus viajes.

Un libro que aborda directamente mucho de lo que los sagitarianos necesitan en una carrera se llama <u>Haciendo el trabajo que amas</u>. Hace un llamamiento a esa pasión interior para que salga a la luz y se centra en cómo los sagitarianos sienten la necesidad de huir de un trabajo a otro porque no están satisfechos.

Como signo que representa la educación superior y la mente más fuerte, es probable que un Sagitario se sienta más recompensado y más completo en un puesto en el que pueda aprender. Trabajar como profesor, funcionario religioso o en una industria de vanguardia como la de los juegos o la tecnología le permitirá aprender cosas nuevas todo el tiempo. Incluso puede exigirlo. Existe la creencia permanente de que los sagitarianos prosperan en el mundo editorial, pero la industria ha cambiado drásticamente en los últimos 100 años. Ahora publicar implica a menudo sentarse en un escritorio durante muchas horas al día y hacer llamadas telefónicas. Ya no es el entorno de "sacar el periódico a tiempo" que era antes.

Sin embargo, los sagitarianos son conocidos por su habilidad para escribir, y entre los famosos sagitarianos que escriben están Mark Twain, Jay-Z, Taylor Swift y Winston Churchill. Al hablar en público, los sagitarianos prosperan de verdad, y a menudo están contentos de salir a actuar porque, en realidad, solo son ellos mismos.

Con los proyectos específicos, los nativos de Sagitario sobresalen con proyectos con muchos objetivos pequeños. Los sagitarianos serían muy adecuados como gestores de proyectos en varias empresas de construcción o en compañías que se expanden rápidamente. Es posible que sus habilidades de seguimiento no sean ideales para las oportunidades de gestión de proyectos, pero su capacidad para trabajar estrechamente con la gente y para negociar el compromiso hace que su talento sea excepcional.

Los nativos de Sagitario se benefician de la buena suerte de Júpiter con el dinero. Les importa poco el dinero y no están extraordinariamente interesados en los productos físicos o las posesiones. Suelen comprar lo que necesitan, y de vez en cuando compran algo que les gusta. Al igual que otros signos de fuego, tienen una naturaleza muy generosa y es probable que disfruten comprando para otros más que para sí mismos. Esta relación con el dinero influye en su trayectoria profesional, ya que muchos sagitarianos no están vinculados a su trabajo o a su carrera desde el punto de vista monetario. Es posible que dejen un trabajo por otro que pague menos, pero que ofrezca más recompensas intrínsecas, como explorar nuevos temas o dirigir un equipo.

Tal vez sea porque se preocupan tan poco por el dinero es que parecen tenerlo constantemente. Los sagitarianos prefieren gastar el dinero en aventuras como acampar, viajar, salir con los amigos y experiencias únicas en la vida como el salto en bungee. Los nativos de

Sagitario siempre parecen tener suficiente dinero para hacer lo que quieren y ser generosos, pero si se trata de elegir entre cambiar de trabajo y no poder viajar tan a menudo, es una elección clara. Para la situación de quedarse con un trabajo en el que no tienen tanta libertad como les gustaría y tener dinero, dejarían el trabajo y tendrían menos capital en lugar de reducir la libertad.

¿Quién es el Sagitario en el trabajo?

Como empleado, el Sagitario es el comodín. Es el encargado de organizar las mejores fiestas y de recordar cosas como el Día de la Apreciación Administrativa o la Semana de la Apreciación del Servicio de Alimentación. Es probable que sea un Sagitario el encargado de armar la decoración del escritorio o del auto para un cumpleaños o un aniversario. A los sagitarianos les encanta celebrar y hacer que la gente que les rodea se entusiasme con lo que hacen. Tener a un Sagitario como compañero de trabajo es absolutamente increíble, a menos que esté listo para irse.

Cuando Sagitario está descontento, normalmente está esperando su momento, y puede ser por lo leales que son a sus compañeros de trabajo. Los sagitarianos son leales casi hasta la exageración, y pueden pasar un tiempo en un puesto que no les gusta o bajo un jefe que no soportan porque sienten que están sirviendo de amortiguador para el resto de sus compañeros de trabajo. Si ven que un jefe está presionando a su compañero de trabajo, serán los primeros en levantarse y defenderlo. Además, si saben que un buen jefe no está recibiendo el respeto o el aprecio que merece, serán los primeros en decir algo al equipo.

Para los directivos, esta franqueza e imprevisibilidad causan bastantes problemas. Los sagitarianos no están motivados por el dinero, por lo que los supervisores suelen saber que no pueden comprar a estas personas con un aumento de sueldo. Además, puede haber motivación para aceptar un ascenso, pero nunca se sabe con un Sagitario. Si están contentos con su puesto y creen que un ascenso restringiría su libertad, entonces pasarán de largo y no lo aceptarán.

A menudo, los directivos se preguntan qué es lo que sigue ocurriendo cuando entran en una reunión porque no saben cómo reaccionará ese Sagitario. Pero el nativo de Sagitario tendrá mucho que decir, y no se contendrá. La mejor manera de manejar a un Sagitario es proporcionarle recompensas intrínsecas. Permítales celebrar una fiesta, tener más libertad, tener un poco más de tiempo en el enfriador de agua. Es probable que le estén proporcionando un trabajo superior, así que es bien merecido que reciban un poco más aquí y allá.

Desafíos particulares que pueden orientar las trayectorias profesionales

Volvemos a las exigencias particulares que acosan a los nativos de Sagitario a lo largo de su vida. En primer lugar, son inquietos. En segundo lugar, necesitan sobresalir y avanzar, pero no desean estar atados a ninguna empresa o entidad, y, por último, son impacientes. ¿Qué tiene que hacer un Sagitario?

Inicialmente, deben priorizar lo que más valoran en su personalidad y qué tipo de trabajos podrían encontrar para beneficiar ese aspecto de la personalidad.

Aquí hay un ejemplo que enumera muchos de los valores más comunes que los nativos de Sagitario buscan en un trabajo o carrera:

- Capacidad para trabajar al aire libre
- Viajar con frecuencia
- Libertad para cambiar de horario según sea necesario
- Capacidad para ayudar a la gente
- Capacidad de aprender cosas nuevas
- Variedad en el trabajo diario
- Grandes objetivos

Cuando los sagitarianos pueden enumerar las cosas que buscan en una carrera, pueden centrarse en lo que es más importante para ellos y eliminar el ruido. Por ejemplo, la persona puede estar interesada en el trabajo de jardinería, en trabajar como guardabosques, en ofrecer visitas guiadas a una atracción local o a un elemento natural, o incluso en hacer un trabajo con el gobierno local, como las obras hidráulicas.

Ahora bien, si la lista anterior se pareciera más a

- Ayudar a la gente
- Aprender
- Viajar
- Trabajar al aire libre
- Grandes objetivos

Una lista como esta podría orientar a un sagitariano hacia la enseñanza, concretamente hacia la enseñanza en el extranjero. Muchos nativos de Sagitario se dedican a la enseñanza religiosa, que ofrece constantemente muchas oportunidades de viajar, la posibilidad de ayudar a las comunidades y una experiencia de aprendizaje para toda la vida.

El elemento central aquí es tomar lo que es más importante y luego evaluar las diferentes trayectorias profesionales que están más alineadas con su signo solar.

Odio a las rutinas y a los elementos demasiado organizados de la vida

Por lo general, el factor que determina si un Sagitario puede hacer de un trabajo una carrera es el grado de rutina. Si el trabajo implica la misma rutina matutina, puede estar bien. Pero la misma rutina durante todo el día ahuyentará rápidamente a un Sagitario, aunque le guste el trabajo. Odian el ambiente excesivamente organizado y simplemente no soportan trabajar para personas "tipo A".

El problema con esto es que el nativo de Sagitario se sentirá confinado dentro de su trabajo, y ahí es donde los adultos pasan la mayor parte de su tiempo. Si no pueden tener libertad en su lugar de trabajo, entonces podrían sentir que toda su vida está planificada, y que han llegado al final de su racha de libertad antes de cumplir los treinta años. Los sagitarianos tienen el don de hacer explotar las situaciones de forma desproporcionada.

Haga su propio camino

Un Sagitario excepcionalmente famoso ha mostrado el método probado y comprobado que funcionaría para casi cualquier Sagitario... Walt Disney. No solo se hizo un nombre por sí mismo, sino que se dedicó a hablar en público con frecuencia. Era creativo, tenía total libertad en su horario de trabajo y controlaba todos los aspectos de su negocio. Trabajaba con las personas que elegía y encontraba la alegría en conectar con los demás a través de la narración de historias. Walt Disney encarnaba casi todos los elementos de la carrera que un Sagitario podría desear. Es bien sabido que, una vez establecida Disneylandia, solía pasear por los terrenos y pasar tiempo al aire libre.

Otro famoso sagitariano que forjó ese mismo camino es Andrew Carnegie. No solo fue uno de los industriales más notables de Estados Unidos, que revolucionó la industria del acero, sino también uno de los principales filántropos de su época. Tuvo varios trabajos antes de encontrar su amor por la industria del acero. Entre ellos, trabajó como operador de telégrafo y superintendente de ferrocarriles.

Los mejores trabajos para Sagitario

Estos son los aspectos básicos de lo que necesita un Sagitario en un trabajo. Un sagitariano puede prosperar en cualquiera de estos puestos, pero sus intereses y pasiones personales deben dirigirle hacia una carrera que pueda amar de por vida.

Arquitectos

Los sagitarianos son almas excepcionalmente creativas en la resolución de problemas. Los arquitectos suelen trabajar más allá de la estructura estándar del edificio y a menudo colaboran con los que ejecutan las "tuercas y tornillos" del edificio. Buscan la manera de hacer que estos edificios sean visualmente atractivos a la vez que increíblemente útiles. Encajan en funciones basadas en el diseño, pero tienen problemas porque los trabajos de diseño a menudo implican pequeños desplazamientos y significa sentarse detrás de un escritorio. Son dos cosas que los sagitarianos odian.

Por otro lado, un arquitecto también estará en la escena durante la construcción y supervisará muchos elementos del proyecto. Al igual que un gestor de proyectos, el arquitecto ocupa una posición de liderazgo y, al mismo tiempo, puede estar en la obra a intervalos irregulares.

Por último, el diseño de la industria de la arquitectura y la construcción cambia constantemente. Los elementos de diseño que están de moda o son populares cambian constantemente, y eso es algo que los sagitarianos realmente disfrutan.

Profesor de primaria

Como profesor de escuela primaria, podrá controlar cada día y asegurarse de que sus rutinas abarcan su necesidad de libertad, y podrá compartirla con los niños. Tener la capacidad de ser creativo y aportar emoción a un aula puede encajar con muchos sagitarianos. Además, los profesores suelen tener mucha libertad para llevar sus clases al exterior para realizar proyectos de ciencia y arte.

Como profesor, podría explorar su pasión por el aprendizaje todos los días y ayudar a los niños a desarrollar ese entusiasmo también.

Carreras basadas en la teología

Los nacidos bajo Júpiter conectan profundamente con la teología, y puede que se sienta inclinado a explorar carreras religiosas o teológicas. Trabajar en una iglesia o en los estudios de religión puede, sorprendentemente, venir acompañado de muchos viajes. Además, puede influir en la vida de innumerables personas, aunque solo busque validar información o difundirla.

Esta carrera es común entre los sagitarianos, ya que les permite sumergirse en las comunidades. Ni siquiera tienen que trabajar en asociación con una iglesia, pero a través de la investigación teológica, un Sagitario podría conectar fácilmente con muchas personas necesitadas y ayudarlas.

Entrenador deportivo, entrenador de vida o entrenador personal

A los sagitarianos les encanta ayudar a las personas a ser su mejor "yo", y usted puede llevar a cabo precisamente eso como entrenador. Como entrenador de vida, entrenador deportivo o entrenador personal, puede conectar directamente con alguien que necesita un impulso y darle lo que necesita. Puede enseñar a otros a adquirir nuevas habilidades y dedicarse a mejorar su vida. Esta trayectoria profesional también puede hacer que salga mucho al exterior y a menudo ofrece libertad de horarios.

Una combinación de intereses para una carrera, no solo un trabajo

A Sagitario le encanta el trabajo humanitario o hacer el bien a los demás, y puede encontrar muchos trabajos en los que este sea un elemento siempre presente, pero eso no significa que vaya a ser feliz con el primer trabajo sin ánimo de lucro que se le presente. En cambio, busque un trabajo que le permita hacer el bien mientras sigue explorando los muchos elementos de la vida que le interesan. Que sea sagitariano no significa que debas apuntarse a un trabajo de misionero. Si no es muy religioso, es probable que no le convenga. Pero puede encontrar varias organizaciones que le permiten viajar y ayudar a otros con una buena paga y sin gastos de viaje.

Lo ideal es que pueda tener muchos caminos que seguir. A los nativos de Sagitario les encanta poder mantener sus opciones abiertas. No se comprometa demasiado con una sola empresa. En cambio, dedíquese a una industria o a algo que le apasione más que a una empresa, o a una institución.

Capítulo 11: El Gran Cambio Zodiacal y Ofiuco

Ya en los años 70 se hablaba de un decimotercer signo. Luego, alrededor de 2014, la NASA intervino y puso el pie en él. El gran cambio zodiacal impacta a los sagitarianos más que a casi cualquier otro signo del zodiaco porque este decimotercer signo está presente a través de la mayor parte de Sagitario en el rango.

¿Hay 13 signos en el zodiaco? Hay muchas razones por las que las antiguas civilizaciones responsables de la fundación de la astrología omitieron el decimotercer signo. Hay un equilibrio matemático abrumador en tener 12 signos en lugar de 13. Con 12 signos, hay cuatro elementos primarios, y cada elemento tiene tres signos. Y hay tres modalidades, y cada modalidad tiene cuatro signos. Cada signo está representado por un cuerpo planetario de nuestro sistema solar inmediato, ya que hay 12 cuerpos celestes en el sistema solar si se incluyen el sol y la luna. Las civilizaciones antiguas también utilizaban 12 signos para el zodiaco, ya que representaban con exactitud el calendario de 12 meses que utilizaban durante ese periodo de tiempo. Es el caso de babilonios, egipcios, griegos y romanos.

Entonces, ¿por qué todo el mundo sigue hablando de este decimotercer signo? Cada vez que se menciona el decimotercer signo, Ofiuco, se habla de si las civilizaciones antiguas conocían este signo. La respuesta es sí, Ofiuco tiene raíces históricas, la constelación es reconocida históricamente, y tiene una presencia en el conjunto universal de la astrología.

En 2014, la NASA se sometió a un mayor escrutinio y publicidad cuando anunció que el zodiaco estaba mal hecho. La declaración no se hizo para socavar la astrología, que la NASA no reconoce como una ciencia, de todos modos. El mensaje era más bien un segmento de hechos históricos divertidos, y no pretendían causar el revuelo que se produjo. Lo vieron como una visión divertida de la historia, y muchos dentro de la comunidad astrológica lo tomaron como una ofensa personal.

Parte del problema del informe de 2014 es lo que ocurrió en los años 70. La idea era presentarlo al público como si fuera nuevo; como si estas antiguas civilizaciones no conocieran este decimotercer signo y lo omitieron accidentalmente.

Ofiuco siempre ha estado presente en los cielos, y su posición a lo largo de la eclíptica estaba bien documentada entre las civilizaciones antiguas. Simplemente no fue seleccionada entre los primeros astrólogos. Irónicamente, es uno de los argumentos clásicos en contra de la astrología en el que pueden estar de acuerdo las listas de astrología y los no creyentes. Este signo no fue elegido con un propósito, e incluso hace 4.000 años, la astrología y la astronomía eran cosas diferentes. Hoy en día, la astronomía es un campo muy científico y matemático. Aunque son los fundamentos de la ciencia y las matemáticas en la astrología, la presencia histórica y la información nos dan una visión diferente de los mismos cuerpos celestes. Los astrónomos clasifican los planetas y consideran los distintos aspectos de la vida y el medio ambiente. Los astrólogos observan cómo el universo afecta directamente a las personas.

Mucha gente tiene un montón de preguntas sobre Ofiuco, y merece la pena explorar cómo puede afectar exactamente esta constelación y su movimiento a un nativo de Sagitario.

¿Cambió realmente la NASA el zodiaco?

No, la NASA ha declarado que no ha cambiado el zodiaco. Solo hicieron una observación. La agencia espacial salió y anunció que no cambiaría la astrología porque no se ocupa de ella. Su negocio es la astronomía, y consideraron que era una experiencia que invitaba a la reflexión y a la diversión. De todas formas, cultivan bastante la charla.

El zodiaco y el universo no se representan con exactitud en un papel plano. Los antiguos hicieron lo mejor que pudieron con las herramientas y los recursos que tenían. Durante 4.000 años, cada nueva generación perfeccionó y mejoró la representación visual del zodiaco hasta que, aproximadamente en el siglo XVII, surgió el modelo moderno del zodiaco con el círculo que muestra los elementos, las modalidades y los símbolos de cada signo solar.

¿Qué es Ofiuco?

El signo de Ofiuco cae desde el 29 de noviembre hasta el 18 de diciembre y tres fechas adicionales de cúspide a cada lado. La mayoría de los nativos de Sagitario se ven afectados inadvertidamente por Ofiuco de una forma u otra, aunque el zodiaco no haya cambiado.

Ofiuco no es como cualquier otro signo del zodiaco, sobre todo porque no es un signo solar. Pero, aparte de eso, la constelación ilustra a una persona real que los historiadores pueden demostrar que existió. El signo también representa una figura humanoide, lo que, aparte de Acuario, lo convierte en el único otro signo que lo hace.

Ofiuco se asocia directamente con Imhotep, el visir real, y lo representa. Imhotep estaba bien documentado como astrólogo, arquitecto, sabio y segundo rey de la tercera dinastía de Egipto. Tras su muerte, alrededor del año 2600 a. C., fue adorado como dios de la medicina en Egipto y Grecia. Ofiuco era el hijo ilegítimo de Apolo o un semidiós que navegaba por los mares dando vida a través de la leyenda.

El signo Ofiuco se diferencia radicalmente de otros signos solares porque no tiene ningún elemento y no pertenece a una modalidad común. Además, no tiene un signo opuesto. En Grecia, no se le conocía directamente como Ofiuco, sino como Serpentario, el Portador de la Serpiente.

El desequilibrio de este decimotercer signo rompe con muchos de los elementos estructurados del zodiaco.

Rasgos de personalidad de Ofiuco

Ofiuco es el único signo que representa a un hombre real; incluso Acuario, como portador de agua, solo representa la idea de un hombre. Esto ha llevado a muchos a sentir celos de Ofiuco porque se cree que poseen la sabiduría de Ofiuco, concretamente en cuestiones de medicina y ciencia. Si esto le resulta familiar, entonces está en el camino correcto, ya que los sagitarianos tienen una curiosidad innata, y gran parte de ella podría atribuirse a Ofiuco.

Normalmente, cabe esperar que un nativo de Ofiuco tenga un conocimiento insaciable por la sabiduría y el aprendizaje. Eso se alinea directamente con los rasgos sagitarianos. Otros elementos comunes entre este signo son un buen sentido del humor, un toque de celos y una apertura al cambio, pero adoptan algunos rasgos de Escorpio, incluyendo un temperamento explosivo y una gran inclinación hacia un ego inflado.

En general, suelen mostrar:

- Curiosidad y deseo de obtener nueva sabiduría
- Grandes conexiones familiares
- Buena suerte
- Habilidades visionarias para resolver problemas
- Capacidad innata para interpretar los sueños

Elementos extraños del signo de Ofiuco

Ofiuco es apasionado e inteligente, pero hay muchos rasgos extraños en ellos, que los marcan como diferentes a todos los demás. Hemos mencionado que no tienen ningún elemento, y que no tienen ninguna modalidad, aunque parecen encajar dentro de la modalidad mutable junto con Sagitario.

Su naturaleza sin elemento puede hacer que parezcan personas excepcionalmente sosas. No solo al principio, muchas personas afirman que los nativos de Ofiuco pueden ser menos interesantes que los que son puramente sagitarianos. Taylor Swift cae cuadrada en las fechas de Ofiuco, y mucha gente se pregunta quién es ella detrás del lápiz de labios rojo. Es bien sabido que ella no es responsable de todas o la mayoría de sus canciones y ha llevado una vida muy reservada fuera del escenario. Incluso ella misma informa de que no es muy interesante.

En ese mismo guiño, tiene a Ozzy Osbourne, el cual es alarmantemente interesante. ¿Por qué hay resultados drásticamente diferentes de los mismos factores? Muchos lo achacan a su falta de elemento.

Para contextualizarlo, los signos de agua son notoriamente emocionales, tanto en lo bueno como en lo malo. Escorpio, Piscis y Cáncer son los signos de agua, y todos ellos son internamente muy emocionales o una bola externa de emociones. Los signos de aire, como Géminis, Libra y Acuario, pasan la mayor parte del tiempo pensando. Son lógicos y se comunican bien, pero su inteligencia les lleva a menudo a complicados enigmas. Los signos de fuego, como Aries, Leo y Sagitario, son apasionados, leales y un poco fogosos. Mientras que los signos de tierra, incluidos Tauro, Virgo y Capricornio, están arraigados en el mundo físico, en las cosas que pueden ver y en los logros que pueden demostrar. Suelen ser extremadamente productivos y orientados al trabajo.

Dada la naturaleza de los nacidos en el signo de Ofiuco, mucha gente asume que pertenecen a la colección de fuego. Suelen ser apasionados, pero no de forma estática. No se puede decir que Ofiuco sea un apasionado de la familia y el lujo como lo son los Leo, o un apasionado de la equidad como lo son los Aries, o que compartan la misma pasión por la independencia y la libertad como lo hacen los sagitarianos.

¿Podría esto explicar el carácter excéntrico e imprevisible de Sagitario?

Sin duda. El hecho de no tener un elemento significa que no hay nada que los una, pero ciertamente explica cómo los sagitarianos pueden tener una escala tan drásticamente más amplia en cuanto a personalidades que otros signos. Otros signos se vieron afectados por el cambio del zodiaco, pero recuerde que no hubo mucho cambio real. De hecho, muchos de los que ahora son Piscis habrían sido Piscis en los años 1600, o incluso en los 800.

La diferencia con Sagitario y los otros signos solares es que Sagitario, en su mayor parte, implica a Ofiuco. Ofiuco cae naturalmente dentro del rango de fechas que los antiguos establecieron para los signos solares.

¿Qué hacer si es un Sagitario-Ofiuco?

Si descubre que usted es un Sagitario que también ha nacido dentro de las fechas de Ofiuco, hay cosas que puede hacer para frenar los elementos negativos de este signo tan poco estudiado. En primer lugar, deje de lado los celos, porque es el rasgo más asociado a Ofiuco que no está ya en su cabina de mando. En segundo lugar, considere cuidadosamente sus intereses. Si ha pasado una vida dedicada a la ciencia y la medicina, puede que esté más en sintonía con este signo sin planetas ni elementos que sus compañeros sagitarianos.

Por último, podría dedicar un tiempo determinado a explorar este signo por su cuenta. Recuerde que es posible interactuar con Ofiuco en su signo lunar y en su signo ascendente. En general, sabemos que los nativos de Ofiuco pasan mucho tiempo solos e independientes. Aprecian su privacidad y muestran intereses muy centrados en lugar de los intereses fugaces del signo de Sagitario. Hay muchas oportunidades para los del signo de Ofiuco, ya que suelen estar muy concentrados y logran los objetivos con facilidad.

Capítulo 12: Sagitarianos prósperos

Los sagitarianos representan el crecimiento del espíritu humano y el desarrollo de las creencias. Cultivan la liberación y el optimismo allá donde van. Son los girasoles que vuelven su cara al sol, y ayudan a todos los que les rodean a hacer lo mismo. Un Sagitario se negará a venderse a sí mismo o a cumplir con las normas sociales si no encaja de forma natural con lo que es. Ven el panorama general y se valoran a sí mismos, pero lo entienden y pueden alinearlo con las situaciones y personas cotidianas.

Un Sagitario utilizará su mente filosófica para ayudar a resolver problemas en situaciones sociales. También recurrirá a su buen humor para aliviar la tensión en muchos casos. A veces esto puede ir demasiado lejos y meterlos en problemas, pero el don de la suerte de Júpiter y el don del carisma del elemento fuego los ayuda a salir de muchas situaciones difíciles.

En general, desean animar a los demás a ver lo bueno de las cosas y a esforzarse por vivir su mejor vida. Lo único que quieren ver en la vida es que todo el mundo explore su mejor yo. Quieren que nadie lleve una máscara en público ni cambie su comportamiento en función de la opinión de otra persona, y les encantaría que todo el mundo persiguiera sus sueños y viviera aventuras salvajes. Sin embargo, tienen problemas a la hora de animar a los demás a hacer cosas que creen que deberían hacer. Incluso con este pequeño contratiempo, los sagitarianos hacen buenos amigos debido a su naturaleza optimista e inspiradora.

Los sagitarianos rara vez tienen problemas para prosperar dondequiera que estén, hasta que se sienten atrapados. Pueden sentirse enjaulados y con necesidad de huir. Es el aspecto caballo de su símbolo centauro. Necesitan espacios abiertos, mucha libertad y pocas reglas o restricciones en la vida.

Tiempo para jugar y mucha libertad

Lo primero que necesita un Sagitario para prosperar es la oportunidad de jugar mucho. Quieren divertirse, y eso suele ocurrir en entornos sociales. Un nativo de Sagitario puede divertirse jugando en línea con un montón de amigos, o incluso en un servidor donde pueden conocer gente nueva y tener conversaciones en profundidad mientras se divierten.

Disfrutarán de mucho tiempo al aire libre. Cosas como el geocaching y el senderismo son aficiones clásicas para que un sagitariano pueda salir al aire libre, pasar tiempo con personas afines y conectar con los elementos. Los nativos de Sagitario odian la costumbre, así que, si significa hacer lo mismo cada sábado, lo abandonarán rápidamente y pasarán a otro pasatiempo.

La segunda cosa que necesitan los sagitarianos es una buena fiesta; de forma regular, pero no programada, los sagitarianos deben ir a divertirse. Estos eventos pueden ir desde una fiesta, una parrillada o una reunión en una cervecería local. También pueden incluir noches salvajes en la escena de las fiestas de Nueva York, raves en el desierto o fiestas en graneros. No hay límite en la frecuencia con la que este signo solar puede salir, y no hay restricciones en la forma en que debe ocurrir esa diversión. Saben cómo relajarse y cómo divertirse.

Las fiestas son una forma estupenda de que los sagitarianos impulsen a sus amigos. Ayudan a sacar a la gente de su caparazón, y aquellos que normalmente se quedarían a un lado de la pista de baile con cara de tímidos, no tardan en seguir a un Sagitario y hacer varios bailes bien llevados. A diferencia de otros signos de fuego, los sagitarianos no consumen a la gente con su ego o su intelecto, sino que lo provocan en los demás.

Pero necesitan mucha libertad. Si algo les parece programado o regular, lo rechazan. Son rebeldes en el sentido más fundamental de la rebelión. No sienten la necesidad de hacer algo porque otra persona lo haya dicho. Sin embargo, no buscan la libertad por rebeldía. Es su naturaleza. Júpiter es el planeta de la mente superior. Están en la modalidad del cambio y bajo el elemento del fuego apasionado. Aman apasionadamente el cambio, para poder crecer mentalmente y desarrollar su comprensión del mundo.

Una relación basada en la confianza y sostenida por la diversión

Hay mucha información y creencias erróneas sobre los sagitarianos en lo que respecta a las relaciones. ¿Son estos personajes huidizos? Sí. ¿Son rápidos para salir de una relación? Sí. ¿Les lleva mucho tiempo entrar en una relación? Por lo general. ¿Son más propensos a tener aventuras cortas que a tener un amor para toda la vida? Sí.

Pero la gente no ve el panorama general. Un Sagitario es leal, cariñoso y abierto. A menudo son sus cualidades negativas las que tiran la relación hacia abajo, pero es típicamente el Sagitario el que deja la relación, y aquí está el por qué.

Un Sagitario no puede ser nada más que ellos mismos, no pueden enmascarar su personalidad, y no lo intentarán. Son descaradamente quienes son, y el mundo puede tomarlo o dejarlo. Por eso, cuando están en una relación, dan lo que deben dar. Ofrecen esa lealtad, apertura y amor. Cuando ven que su necesidad de libertad, su gran energía y sus opiniones tan firmes afectan a la relación, pueden empezar a pensar que es hora de seguir adelante. Este desafío crea un efecto dominó en el que la otra persona se aferra aún más a la relación y se vuelve más insegura sobre su postura. El Sagitario a menudo se irá por sus necesidades, y porque sabe que tampoco está ayudando a la otra persona a prosperar.

En última instancia, un Sagitario encontrará su mejor pareja en un Leo, un Aries o un Acuario. Leo y Aries son opciones obvias, ya que permiten que una relación crezca sobre la base de la confianza y la diversión. Estos otros signos de fuego se dan cuenta de lo que significa necesitar espacio, y tienden a no preocuparse demasiado de que su pareja romántica deambule o haga sus propias cosas. Además, estos signos pueden tener mucha energía, y cuando no la tienen, no les importará que el Sagitario se vaya a hacer algo divertido sin ellos.

Acuario es único. Claramente, no es un signo de fuego, pero tiene muchas cosas en común con un Sagitario que hace una gran relación romántica. En primer lugar, ambos son muy independientes y ninguno de los dos le dirá al otro lo que quiere hacer. En segundo lugar, Acuario también está profundamente arraigado en la necesidad de explorar la filosofía y los conceptos que impulsan la creencia humana. Estos dos se divertirán mucho juntos y no exigirán nada al otro.

Normalmente, en una relación, puede esperar que el sagitariano tenga mucha energía y lo cuestione todo. Ansían saber por qué le gustan sus aficiones o qué le llevó a su carrera. Tampoco les impresionan las respuestas aburridas como "bueno, es un buen dinero" porque necesitan la historia completa. Además, querrán divagar. No serán infieles porque los sagitarianos son leales, pero anhelarán conocer gente nueva y tener conversaciones animadas. Los nativos de Sagitario no tienen tiempo para aguantar los celos y no quieren que alguien siga todos sus movimientos.

Yendo al tema más importante que la gente plantea a los sagitarianos y las relaciones: sentar la cabeza. ¿Cuándo lo hacen? Normalmente, cuando encuentran a la persona que les permite ser ellos mismos. Suena a cliché, pero es cierto que los sagitarianos no se asientan hasta que encuentran a "la persona" que no les pide que negocien y que tampoco compromete sus valores o necesidades.

El cónyuge o pareja debe esperar cambios constantes y planes divertidos casi sin parar. También deben esperar que se les abra la puerta para que confíen en ellos, y esa confianza es la base de la relación.

Los sagitarianos prosperan cuando tienen una pareja sólida a su lado y cuando se apoyan mutuamente.

Una trayectoria profesional que funciona a varios niveles

Los sagitarianos necesitan encontrar satisfacción a través de su empleo, o saltarán de un lado a otro con frecuencia. Un nativo de Sagitario se apoyará en la dualidad de su signo zodiacal para entrar y salir fácilmente de diferentes ambientes, y prosperan en el desafío de aprender una nueva posición.

Ahora bien, un nativo de Sagitario podría necesitar un pequeño empujón en la dirección correcta por parte de las personas a las que respeta y en las que confía. La mayoría de los sagitarianos no encontrarán nada satisfactorio en los puestos de entrada, pero experimentan problemas particulares para obtener toda la información necesaria y dedicar el tiempo necesario para ascender en cualquier industria específica. La lucha a la que se enfrentan es que quieren aprender todo lo que puedan, y normalmente lo hacen antes de poder avanzar hacia el siguiente puesto razonable.

Necesitan una carrera en la que puedan estar rodeados de gente importante y ayudar a otros a mejorar. Lo ideal es que trabajen donde cada día les aporte algo nuevo. Incluso cuando hay una estructura, prosperan en sectores de gran energía e imprevisibles que ofrecen muchas oportunidades para resolver problemas.

Además, un Sagitario probablemente se enfrentará a problemas únicos con sus compañeros de trabajo. Dicen lo que piensan, y eso puede impedirles avanzar en su carrera. Incluso puede tratarse de un problema de energía en el que la alta intensidad de Sagitario es demasiado para otro compañero de trabajo, y puede causar conflictos.

Un sinnúmero de trayectorias profesionales puede poner a un Sagitario en el camino correcto con todas las oportunidades adecuadas. Pero, aun así, es probable que el Sagitario cambie de carrera más a menudo que otros signos durante su vida.

Hacer un plan para seguir aprendiendo

Un Sagitario no puede prosperar ni ser feliz si no está aprendiendo de una forma u otra. Un Sagitario con el que se habló durante la creación de este libro señaló que no necesitaba aprender nada tangible, solo aceptar nueva información. Por eso, escucha ávidamente audiolibros y podcasts, ya que la radio le resulta poco atractiva. Otro señaló que utilizaba el *Great Courses Plus* y tomaba clases sobre cualquier cosa que le interesara.

Como el filósofo y el aventurero dentro del zodiaco, hay muchas veces en las que no necesitan un plan formal de educación proporcionado por libros o información. Aprenderán a través de la experiencia, por lo que eligen las excursiones y los programas u oportunidades culturales. Un Sagitario considerará que viajar es la mejor lección y puede hacer frecuentes viajes a museos locales o centros de arte.

Controle sus emociones

Los sagitarianos, como signo de fuego, se enfadan con rapidez, pero su modalidad de cambio y su novena casa de la mente superior alejan su atención de ese deseo de estallar. Además, los sagitarianos pueden caer en la melancolía si no están haciendo cosas que se alinean con su esencia. Si están atrapados en un trabajo sin futuro, no pueden salir de fiesta, no se divierten y se sienten encerrados en su familia o en su relación, entonces son directamente infelices en toda la extensión de la palabra.

La preocupación no es que los nativos de Sagitario tengan la oportunidad de tener emociones tan grandes. Es que les cuesta cambiar de velocidad. Se quedan atascados en una marcha y, aunque quieren cambiar, pueden sentirse como si estuvieran fijos en una rutina. Este estancamiento podría ser una lección dada por el planeta Júpiter acerca de crear su propia suerte o forzar su propio camino hacia una situación mejor. Recuerde que ambos representantes de Júpiter, siendo Júpiter (dios romano) y Zeus (dios griego), tuvieron que luchar para derribar a su padre y convertirse en el dios de los dioses.

Estas grandes emociones pueden resultar alarmantemente inestables e incluso hacer que el Sagitario sienta que sus emociones le aprisionan. Cuando se enfadan, se vuelven mezquinos. Se deshacen de los amigos en las redes sociales e ignoran a los que les han despreciado. Luego, cuando están tristes, se cansan emocionalmente e intentan huir de todo. Pueden dejar su trabajo, negarse a comer, esconderse en su habitación durante días o salir corriendo sin decir nada a nadie.

Para evitar que estas grandes emociones le controlen, debe tener un régimen de acciones que alimenten a su Arquero interior. Al menos una cosa divertida, al menos una forma de conectar con gente nueva, y una forma de expresar su humor que le permita bromear con los demás.

Mantenga sus emociones bajo control con estos consejos

- Haga pequeñas cosas que le hagan feliz.
- Comprenda su signo lunar: tiene una conexión más profunda con sus emociones internas que su signo solar.

• Distanciarse de los espectadores cuando esté en su peor momento. Si arremete contra los demás, elimine a los inocentes de la escena. Recurra a amigos de confianza, o simplemente consiga tiempo a solas para recargarse.

Sienta sus fortalezas sagitarianas

La mejor manera de asegurarse de que está viviendo su mejor vida es avanzar con una visión clara y un enfoque en la toma de desafíos tanto físicos como intelectuales. Es demasiado común que los nativos de Sagitario caigan en su debilidad de la mala planificación y, por ello, a menudo no alcanzan las grandes metas que tienen para sí mismos. Los sagitarianos prosperan cuando se enfrentan a grandes retos y pueden esforzarse por ser aún mejores. Quieren ver que su duro trabajo se convierte en algo útil, y esa es la recompensa. No le dan tanta importancia a reunir posesiones materiales, así que no se centren demasiado en lo que tienen, sino en lo que logran.

Los nacidos en la Novena Casa tienen un fuerte ego y son testarudos. Si usted es amigo, familiar o pareja sentimental de un Sagitario, puede ser difícil entenderlo. Su naturaleza ferozmente leal hace que parezca que debes prestarle más atención, pero ellos quieren independencia y libertad. Su inclinación por ayudar a los demás a mejorar hace que parezca que no necesitan ese mismo apoyo. Eso es lo que puede darle a un Sagitario para ayudarle a prosperar. Comunique con claridad que entiende que pueden lograr sus objetivos y asumir grandes exigencias.

Con una mentalidad hacia el impulso hacia adelante y un énfasis en las grandes demandas y recompensas de la mente superior, un Sagitario puede llevar una de las mejores vidas posibles. No se ven afectados tan fácilmente por su entorno y pueden prosperar realmente en cualquier lugar, ya que dan la bienvenida al cambio y a los nuevos retos. Sagitario es uno de los signos más nobles, y afectará a los que están en su vida, a menudo de forma positiva. Lo único que anhelan a cambio es la libertad de ser ellos mismos con un poco de humor en su vida.

Conclusión

Esperamos que este libro le haya ayudado a descubrirse a sí mismo o al nativo de Sagitario en su vida. Los sagitarianos son individuos complejos que se exponen a todo el mundo. Parece que son un grupo de "lo que ve es lo que obtiene", pero, sin saberlo, se enfrentan a muchos desafíos en su vida que no comprenden. Típicamente, un Sagitario revoloteará por la vida con una pasión, una carrera y un amante tras otro.

A lo largo de esta guía, hemos descubierto que las exigencias a las que se enfrentan son a menudo las dificultades de la otra persona involucrada en su vida. A los propios Sagitario no les importa lo que los demás puedan pensar, y a menudo se enorgullecen de hacer las cosas a su manera. Con un deseo inigualable de libertad e independencia, no es de extrañar que algunas de las figuras políticas y públicas más conocidas del mundo sean sagitarianos. Destilan confianza en sí mismos, tienen una personalidad magnética y, como ha visto aquí, siempre abordan la vida pensando en el mejor de los casos.

Gracias por leer nuestra guía, y esperamos que le haya resultado útil en su día a día.

Vea más libros escritos por Mari Silva

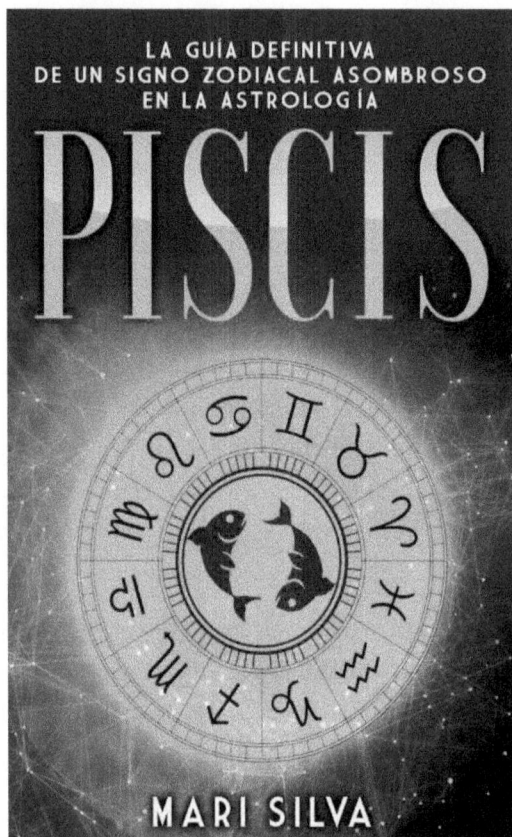

LA GUÍA DEFINITIVA
DE UN SIGNO ZODIACAL ASOMBROSO
EN LA ASTROLOGÍA

PISCIS

MARI SILVA

Referencias

21 Secrets Of The Sagittarius Personality... (2017, October 19). Zodiac Fire. https://zodiacfire.com/sagittarius-personality/

Almanac, O. F. (n.d.). *Mercury Retrograde and Zodiac Signs.* Old Farmer's Almanac. Extraído de https://www.almanac.com/content/mercury-retrograde-and-zodiac-signs

Angharad. (n.d.). *Male And Female Traits - Sagittarius.* Angharad Reese Celtic Astrology Online. Extraído de https://www.areeseceltiastrology.com/sagittarius-girl-and-guy-personalities/

Astrology: Mercury in the Signs. (n.d.). Cafeastrology.com. Extraído de https://cafeastrology.com/articles/mercuryinsigns_page2.html

Astrology.Care - Sagittarius Strengths and Weaknesses, Love, Family, Career, Money. (n.d.). Astrology.Care. Extraído de http://astrology.care/sagittarius.html

Famous Sagittarius Writers. (n.d.). Www.Thefamouspeople.com. Extraído el 7 de noviembre de 2020, de https://www.thefamouspeople.com/sagittarius-writers.php

Get to Know Sagittarius. (2014, November 24). Heather Beardsley Coaching. https://hbeardsley.com/get-to-know-sagittarius

Horoscopes. (2017). Bustle. https://www.bustle.com/horoscopes

Kaus Australis (Epsilon Sagittarii): Star System, Name, Constellation | Star Facts. (2019, September 18). Star-Facts.com. https://www.star-facts.com/kaus-australis/

Kaus Borealis. (n.d.). Www.Constellationsofwords.com. Extraído de https://www.constellationsofwords.com/stars/KausBorealis.html

Keeping A Sagittarius Happy - Astroyogi.com. (n.d.). Www.Astroyogi.com. Extraído de https://www.astroyogi.com/articles/keeping-a-sagittarius-happy.aspx

Moon in Sagittarius: Characteristics & Personality Traits. (n.d.). Stars Like You. Extraído de https://www.starslikeyou.com.au/your-astrology-profile/moon-in-sagittarius/

My Sagittarius Zodiac Sign: Love. (n.d.). Www.Horoscope.com. https://www.horoscope.com/zodiac-signs/sagittarius/love

ophiuchus zodiac sign, Ophiuchus Traits, Celebrities, astrology, horoscopes, mythology. (n.d.). Www.Findyourfate.com. Extraído de https://www.findyourfate.com/astrology/ophiuchus-13zodiac.html

Sagittarius Friendship Compatibility. (n.d.). Tarot.com. Extraído de https://www.tarot.com/astrology/compatibility/friends/sagittarius

Sagittarius Horoscope: Sagittarius Zodiac Sign Dates Compatibility, Traits and Characteristics. (n.d.). Www.Astrology-Zodiac-Signs.com. https://www.astrology-zodiac-signs.com/zodiac-signs/sagittarius/

Saturn in Sagittarius. (n.d.). Tarot.com. Extraído de https://www.tarot.com/astrology/planets/saturn-in-sagittarius

Sun in the Signs – Interpretations. (n.d.). Astrolibrary.org. Extraído de https://astrolibrary.org/interpretations/sun/#sagittarius

Los editores de la Enciclopedia Británica. (2018). Jupiter | Roman god. En *Encyclopædia Britannica.* https://www.britannica.com/topic/Jupiter-Roman-god

The Zodiac Sign Sagittarius. (n.d.). Www.Alwaysastrology.com. Extraído de https://www.alwaysastrology.com/sagittarius.html

This Is How Your Zodiac Sign Acts At A Party. (n.d.). My.Astrofame.com. Extraído de https://my.astrofame.com/astrology/article/zodiac-signs-party

Top 10 Sagittarius Jobs | Money & Career | Ask Astrology Blog. (2018, 21 de noviembre). Ask Astrology. https://askastrology.com/top-10-sagittarius-jobs/

9 781638 180593